JN409222

다시 바다를 보다

이석재 시집

다시 바다를 보다

| 시인의 말 |

침묵이 너무 깊었다
병이 난 줄 알았다

잎보다 먼저 온
너의 소식 앞에서

푸른 안개가 번져나는
새벽 네 시

내 안의 조바심 다독여
몇 편의 시를 떠나 보낸다.

| 목차 |

1부
가을 편지

2부
홀로 술잔을 들다

3부

통영 여객선 터미널에서

4부
국화차를 만들며

5부

용환이 형

1부
가을 편지

가을 편지

1.
지독한 몸살 같은 빗줄기가
이틀 내내
아프게 휩쓸고 지나간 후
더욱 깊이 사무치는
내 마음의 숲속에서
가장 붉게 물든 단풍잎 한 잎 골라
그대에게 보냅니다
단풍잎에 배인 마음
가만가만 풀어내어
아침저녁 햇살 드는 유리창에
붉디붉은 빛깔로 물들여 놓으셔요
그대와 나 사이에 가로놓인
저 깊고 넓은 바다를 건너
그대 잠든 창문 아래 말없이 서서
붉게 물든 유리창을 가만히 바라볼 때
그대 영혼에 깃든
내 마음 한 조각으로 여겨
죽는 날까지
가슴 깊이깊이 담아두겠습니다

2.
흐르는 것은
스스로 가슴을 열고
헤아릴 수 없는 깊이로 비워냈을 때
비로소 제 목소리를 낸다

먼 길 떠나는 단풍잎들이
잠 못 이루는 새벽의 여울목에 앉아
낮고 저린 물소리로 웅얼거릴 때
올해의 가을이
더는 나에게 들려줄 노래가 없음을
비로소 깨닫는다

늘 늦게 깨닫는
나는
참 미련한 사람인가 보다

3.
사랑한다는 것이
얼마나 몸서리쳐지는 일인지
제 살 태우면서도 황홀한 표정으로 나부끼는
저 산 꽃물 든 나뭇잎들을 보면 안다
천둥소리처럼 가슴을 울려대던
이 능선 저 골짝 흐드러진 격정의 흔적들을
천천히 더듬어 보다가
지쳐 명상에 잠기듯
이름 모를 암자 산문 앞에 돌사자로 앉았다가
침묵으로 오는 이 땅의 저녁이
은밀한 아픔 하나쯤 숨기고 찾아들면
바람 한 점 없어도 툴툴 털고 일어나
옷자락에 묻은 먼지를 털듯
그렇게 이승의 모든 인연 벗어버리고 가는
이 가을 저 단풍잎을 보며
다시금 생각한다
살아있는 목숨이기에
사랑하는 일 하나도
얼마나 두렵고 떨리는 일인가를

자화상

안개 속에 서면
언제나 내 모습이 낯설었다
배경이 지워진 하얀 방에 갇혀 있어도
출구가 어딘지 궁금해하지 않는 내가
아무리 생각해도 모르는 사람 같았다
밤안개가 자욱한 날
지하철 막차를 타고 귀가할 때
유리창에 비친 얼굴이
오목렌즈에 비친 모습처럼 일그러진 것을
무감각하게 바라보는 이것
내가 나에게 두는 거리만큼
낯섦이 차오를 때
비로소 내 삶의 행간이 조금 읽힌다
바보처럼
거미줄을 닮은
인연의 끈이 흔들릴 때마다
얼굴을 손바닥으로 문지른다
가끔 방향을 잃은 눈길이
손바닥에 묻어나기도 한다

칼국수

1
우산을 쓰고
혼자 눈길을 걸어가다가
칼국수집 앞에서 걸음을 멈춥니다

바지락 칼국수 앞에 놓고
옅은 비린내가 싫어 슬쩍 고개 돌리던
그래도 싫다 소리 못하고
후후 불며 면발을 삼키던 사람

바람이 자꾸만 눈길에 미끄러지는
오늘 같은 날엔
칼국수 한 그릇으로
쓸쓸한 마음을 뎁혀 냅니다

2

칼국수집 유리창 너머
함박눈이 내립니다

뿌옇게 김이 서린 유리창에
마음이 닿아
하트 하나 그립니다

밖에는 눈이 쌓이는데
가슴엔 추억의 장작불이 타오릅니다
쓸쓸함이 녹아 내립니다

탱탱한 그리움의 면발이 살아있는
따뜻한 칼국수 한 그릇
그대에게 보내드리고 싶습니다

그 쓸쓸하고 적막한 저녁에는

부르면
이내 눈물이 그렁그렁 쏟아질까 봐
차마 부르지 못하는 이름일 뿐
소리 내어 부르지 않는다고
가슴에서 반짝이지 않는 것은 아닙니다
구름 낀 하늘이
수평선과 맞닿은 쪽으로 난
어둑어둑해지는 좁은 길을 걸으며
그토록 절실했던 한낮의 그리움들이
쓸쓸하고도 적막한 옅은 보랏빛으로 몸을 식히는
바다를
오래오래 바라보았습니다
그렇게 함께 말이 없어지는 저녁에는
어둠이
환한 추억의 등을 켜들고
내 안으로 걸어 들어와
침묵의 꽃들을 깨우고
바람이 대숲을 지나가는 소리 같은
돌 틈을 빠져나가는 개울물 소리 같은

수다들을
까르르르 쏟아지게 할 즈음
손 내민다고 닿을 만큼의 거리가 아닌
그저 말없이 바라보아야만 하는
그 아슬한 간극의 이편에 서서
미처 털어내지 못한 아픔들이
옹이가 되어 박혀 드는
그 쓸쓸하고 적막한 저녁에는
차마 부르지 못하는 이름 하나
유난히 반짝입니다

함박눈 내리는 날

함박눈을 맞으며
무작정 동인천역으로 나갔습니다
약속은 없었지만
오늘쯤
그대가 올 것 같았기 때문입니다

대합실 출구 앞에 서서
저마다 목적지를 향해
들어오고 나가는 사람들을
찬찬히 살펴보았습니다
더러 그대를 닮은 사람이라 여겨
가까이 가보면
그대가 아니었습니다

그대만의 모습
그대만의 말투
그대만의 분위기
말로는 다 풀어낼 수 없는 정보들이

내 안에 가득 차 있습니다
난 그대에 대하여는 전문가입니다

동인천역 그 다음 역이 종착역이지만
내 기다림에는 종착역이 없습니다
그대가 오는 그날까지
역 광장 모서리에
그리움의 현수막을 걸어두겠습니다

그대 어서 오셔요

환절기

그리운 이름으로
한 사람을 가슴에 담는다는 것은
스스로
마음 한 모서리를 허무는 일입니다

단단하게 쌓아 올린 고립의 담을 헐고
바람과 햇살이 뛰노는 오후가 머물다 가게 하거나
가랑비 흩뿌리는 저녁이 머물다 가게 하거나
잘 씻긴 별들이 이슬 속으로 스미는
따뜻한 어둠의 침묵이 머물다 가게 하는 일입니다

상처 입은 인연들이 그물맥처럼 얽혀드는
멈추고 싶어도 어쩔 수 없이 흘러가야 하는
이승의 바다 위에
어찌 꽃 그림자만 일렁일 수 있겠습니까

가슴에 담은 그 이름으로 하여
넉넉히 아픈 침묵의 시간 드리우거나

철쭉꽃 흐드러진 그리움의 토혈 있거나
아픔이란 아픔 죄다 태워 구워낸
참나무숯 빛깔의 흔적이 남는다 해도
모두 다 소중히 보듬어 안을 일입니다

살아있는 사람과 사람으로 만나
고립과 고독의 담을 헐고
아픔과
고통과
따뜻한 침묵 같은 것들을 나누는 일
그것만으로 우리는 충분히 아름다우니까요

2부
홀로 술잔을 들다

홀로 술잔을 들다

봄에 꽃을 보내고
독거 노인처럼 질기게도 버텨 왔다
안간힘을 다해 버텨보아도
허락된 시간의 끝은 어김없이 다가온다
바람이 불고
윤기를 잃어가는 잎들이 파르르 몸을 떤다
이 못난 몸에 붙어 무던히 허물을 감춰주었다
고맙다
참 고맙다
살면서 허물을 감춰주는 이 만나기가 어찌 쉬울까
가끔 새들이 찾아들 때
땡볕을 가려주고 편안히 쉬게끔 해준 것도 잎들이었다
또 다른 시작을 향해 날개를 펼치는 그네들을
손 흔들어 살갑게 배웅한 것도 잎들이었다
차가운 비 찾아와
곱게 물든 잎맥 속에 생의 마지막 무게를 올려놓으면
낯선 바람이 손 내밀어 저들을 데리고 갈 것이다
그때 내 몸에 드러날 허물을 두고

누군가는 손가락질하고
또 누군가는 구설口舌의 불씨를 피워
거친 입방아를 찧어댈 것이다
그래도 버텨낼 것이다
때론 산다는 것이
버텨내는 것만으로도 아름다운 일이라는 것을
잎보다 먼저 오는 새봄의 꽃잎마다
깨알처럼 적어둘 것이다
그것이, 설령
홀로 술잔을 들고 전하는
내 마지막 말이 될지라도

돌아오다

해안선을 따라
어스름을 끌고 가는 저녁은 붉고 고즈넉하다
십 일월이 머물다 떠난
잘 빗질 된 나뭇가지들 복슬복슬한 섬의 잔등에
늦은 햇살의 가쁜 숨결이 남실거릴 때
오래전 떠났던 인연들이 돌아오고 있다
방풍림으로 선 나무들의 눈빛이 몽롱해진다
마음과 마음 사이 솟았던 울타리들이 드러눕는다
가장 멀리 떠났던 목숨들이 가장 먼저 돌아오는가
어제와 오늘의 거리를 단번에 풀어내며
살아서 넉넉히 고운 퍼덕임으로 오는
저 아름다운 귀소歸巢

사람이
영혼의 난류에 몸을 데우고
그리움으로 돌아오는 일처럼
환하고 눈물겹다

그대에게

그대여
슬프다고
숨어서 울지 말자

눈물이 남았다는 건
아직은 견딜만한 일인 것을

슬픔도
사람의 일이다
사람으로 위로받자

불행이
비껴갔다고
손뼉 치지 말자

지금도
누군가는
외로움에 떨고 있다

참았던
눈물 다 풀고
사람의 온기로 껴안고 견뎌보자

기대어 산다는 것은

살면서 힘들었던 시기를 만난 적 없는 이가 있을까요
한때 지인의 도움에 기대어 살았던 때가 있었습니다
지금은 홀로서기를 하고 있지만
그때를 돌아보면 참 많이 부끄러웠죠

한 남자의 가난했던 날의 고백을 읽으며
창밖 담벼락에 실핏줄처럼 가느다란 촉수를 뻗어
곱게 물든 잎들을 펼쳐 벽화를 그려내고 있는
담쟁이 넝쿨을 봅니다

딱딱한 시멘트 담벼락에 기대어
여름내 안간힘을 다해 뻗은 촉수 끝에
단풍 빛 잎들을 넉넉히 펼친 한 생애가
눈물겹게 아름답습니다

담쟁이 넝쿨이 담벼락에 기대어
잎을 열고 벽화를 그려내는 꿈을 꾸듯
나는 키 작은 아내의 여린 어깨에 기대어

바람 부는 세월을 건너왔네요

뻣뻣한 내 어깨에 기댄 아이들도 쑥쑥 자라
저마다 푸른 잎을 열고
땡볕 속 당당히 그늘을 드리우고
누군가에게 어깨를 빌려주는 것이 한없이 기껍습니다

사람이 사람에게 기대어 산다는 것이
무에 그리 부끄러운 것일까요
이 가을 담벼락에 기대어 벽화를 그려내는
담쟁이 넝쿨을 다시 한번 바라봅니다

슬픔에 대하여

1.
슬픔은 녹슬지 않네
시간의 바다 위에선
사랑도 기쁨도 삭아가지만
뾰족한 고통의 가지 끝에 맺혀 반짝이는
그 투명함으로 인해 녹슬지 않네

육신의 등에 새겨진 커다란 문신처럼
슬픔은
영혼의 등에 수를 놓네
고통의 실타래를 풀어내어
누구도 지울 수 없는 문신을 새기네

슬픔이 머무는 집에서
혼자인 사람은 스스로 깊어져 가네
깊어지는 깊이만큼 뿌리가 튼튼한 삶 하나
온 바다 가득 채우는 노을 속에서도
여전히 펄럭이는 깃발이 되네

2.
슬퍼하는 자
달래지 마라
슬픔은
토해내지 않고는
가벼워지지 않는다
꽃이 피듯
꽃이 지듯
꾸역꾸역 토해지는 슬픔은
얼마나 아름다운가
그렇게 토해낸 슬픔을 자양분으로
우리네 삶은
바다에서도 잎을 피운다
줄기를 세운다
눈부신 생활의 푸른 그늘을 드리운다
이 또한 얼마나 신비로운 일이냐

다시 바다를 보다

1.
그대 가슴에서 시작된 해류는
내 삶의 한복판으로 흘러들어와
깊고 푸른 남태평양 바다 한쪽
들어 앉혔다

이따금 저물녘 바람이
은빛으로 반짝이는 빗살무늬 발자국을 이끌고 와
저 푸른 사유의 벌판 가득 흔적을 남길 때

어둠보다 먼저 온 별빛이
내밀한 기쁨의 꽃들 흐드러지게 하고 있었고
물새들 날개가 깨끗하게 씻긴 이유를
떠나있어서 비로소 알 것 같았네

2.
날장으로 펄럭이는 자정 즈음의 빗방울이
멍울진 해가 수평선 쪽에 주저앉을 때부터

시작되었음을 안다
젖은 마음에 닿는 조용한 교감
머리카락을 적시고 목덜미에서 잠시 머물다가
등뼈를 따라 흘러내린다

마음 깊이 숨겨둔 기억들도 적실까
저 푸른 벌판의 기억들은
적시지 않아도 늘 젖어있는데

오래 아팠던 흔적이 위로가 될 때도 있는가 보다
그대 이름 들추어 보면서
오늘 다시 반짝이는 눈물

등꽃이 피었다

등꽃이 피고
할머니는 돌아오지 않았다
연보라빛 꽃잎 속을 들여다보면
하얗게 두 줄로 도드라진 꽃술이
보료에 기대어 꼿꼿이 허리를 세운
할머니 눈빛을 닮았다
이름 대신 우리 강생이라 부르던 목소리는
구십을 넘기면서
하루 서너 마디 단어로 줄어들었다
등꽃이 피면
한나절 내내 등나무 아래 벤치에 앉아
꾸벅꾸벅 졸음과 다투시다가
이제 갈 때가 됐구나 중얼거리시던 할머니는
어느 날 갑자기
구급차를 타고 먼 길을 떠났다
해지나 다시 등꽃이 피고
할머니는 끝내 돌아오지 않았다
올해 등꽃이
유난히 짙은 보랏빛으로 핀 것을 보며
마음속 빈자리에도
등꽃이 피고 있음을 비로소 알았다

여름이 가을에게

밤새 그대는 나를 울게 하였습니다
내 흘린 눈물의 흔적마다
뚜벅뚜벅 침목들이 걸어와 드러누웠습니다

그대와 내가 가는 길은 늘 수평의 길이었지요
더 이상 다가갈 수 없는 그만큼의 거리를 두고
뻗어도 닿지 않는 촉수 저편
애써 서러움 한 자락씩 지워내고 있었지요

보내고 잊는 일보다
바라보며 다가갈 수 없는 시간이
더욱 서러운 것이어서
애써 아픈 울음 한 덩이 힘겹게 삼키게 합니다

나는 압니다
훗날 우리가 닿아야 할 어느 낯선 간이역에서
비로소 저린 팔 내밀어 안아볼 그 추억 속에서
그토록 깊고 서러웠던 시간들이
낱낱의 보물이 되어 쌓여있는 섬 하나로 기다리고 있음을

*침목 : 길고 큰 물건을 괴는 데 쓰는 나무토막

떠도는 자의 편지

오늘 하루도 참 잘살았습니다
그대에게 가는 길이
한 걸음 더 가까워졌습니다
햇살은
내 몸속 깊이 들어와
그대 향한 내 마음의 빛깔을
더욱 진하게 물들여놓았습니다
바람은
내 안에 남아 있던
밉고 짜증스러웠던 기억의 무게를
싹 덜어내었습니다
몸이 조금 더 가벼워졌습니다
그대 앞에 서서
어때요? 날씬해 보여요?
한 바퀴 휙 돌아도 좋을만큼
날렵해졌습니다
살면서 맺은 인연의 짐을
어찌 하룻밤에 죄다 덜어낼 수 있을까요
그대 조금만 더 기다려줘요

아프지 않게
눈물겹지 않게
소란스럽지도 않게
일상의 한 끝에서 매듭을 풀듯
그렇게 자연스럽게 이 자리를 떠나
그대에게 닿겠습니다
그댄 아무런 부담도 갖지 마세요
태양이 서쪽 하늘 온통 붉게 물들이며
수평선에 몸을 기대듯
그저 내가 좋아서
그대에게 향하는 것일 뿐
그댄 그 자리에 편안하게 계셔요
오늘 밤엔
꿈속에서 그대 얼굴 볼 수 있기를
그대 향한 내 그리움이
추울수록 더 맑게 흐르는
늦가을 해류를 닮아가기를 염원하며
이만 총총 하렵니다

오래된 편지

참 놀랍구나 너는
정말이지 까맣게 잊고 있었는데도
용케도 살아
누렇게 변색된 시간의 대지 위를
종일 꿈틀꿈틀 기어 다니고 있었구나
밀물 직전 몸을 드러낸 갯지렁이처럼
온몸 힘껏 구부렸다가 펴고
오므렸다가 펴며
글자를 만들고 단어를 만들고 문장을 만들고 있었구나
그 가슴 얼마나 미어졌을까
금박으로 빛나는 두꺼운 지식들 사이에 끼여
춥고 어둡고 돌아누울 수조차 없는 공간 속에서도
꽃이었고 나비였고 바람이었고 햇살이었던
단 하나의 이름을 향한
끝끝내 포기할 수 없었던 그리움은
지층 깊숙이 묻힌 마그마처럼
또 얼마나 붉고 붉었을까
더 이상 자유로울 수 없는 흔적이 되어
황량한 지상에 널브러진 쓸쓸한 주검들처럼
차가운 눈빛 번뜩이며 펼쳐진 낡은 앨범 위에 드러누운
오늘

오래된 기억

그땐
아주 두려웠어요

그대 오신 반가움에
잠 못 이루다가
자정쯤 겨우 발을 담근
얕은 잠 여울목에서
안방 작은방 할 것 없이
창호지마다 환히 비치던
일렁이던 기쁨들

머리맡에 속삭이는 음성이었다가
머리카락 쓰다듬는 손길이었다가
새벽녘
반쯤 비워진 밥그릇이
덩그러니 홀로 남은
서늘한 밥상으로 마주칠까 봐

참 많이 두려웠어요
어스름이 걷히기도 전에
허름한 옷깃 여미며 서둘러 떠나는
그대 흐릿한 뒷모습을 마주할까 봐

아름다운 정적靜寂

태풍이 지나갔다
이내 개는 오후
그대, 풀잎 위에 내려 손을 흔드는
눈물 같은 햇살을
가만히 바라본 적 있는가?
하루도 바람 잘 날 없는 이 땅 위에서
크고 두려운 바람 속 위태롭게 흔들리던
내 소심한 애인 같은 풀잎
그 미친 세월 건너온 목숨 위에 앉아
반짝이는 햇살을
그대 진실로 눈여겨본 적 있는가?
햇살은 반짝일 뿐 퉁기지 않고
풀잎은 흔들릴 뿐 뒤척이지 않아
서로 말없이 몸을 섞고 있을 뿐
어떤 사람과 사람의 교감이 저만할까?
말이 없어도 끊어지지 않고
흔들려도 결코 불안해하지 않는
눈을 감으면

오랜 따스함으로 건너오는
태풍이 지나간 오후의
아름다운 정적靜寂

달빛에 젖는다는 것은

내가 자주 가는 섬 허리에 국화꽃이 폈다고 전하는 것은
윗목에 놓인 밥상을 두고 첫차 타고 떠났던 그 날처럼
달빛이 흐드러져 마음의 발치께로 흘러내린다는 말이었다

누르스름하게 물든 인천 앞바다의 물빛이
당신 허리춤에 걸린
낡은 무명앞치마를 닮았다고 말하면
너무 상투적이라고 핀잔을 주며
내 볼을 가볍게 꼬집을 것 같아서

당신이 장난처럼 바람을 불러 슬쩍 등을 밀면
언제나 헛디딘 걸음으로 휘청거리는 나는
잽싸게 잡아주는 손길에 길들여지면서
새벽의 푸른 안개는 조금씩 열어져 갔지

- 힘들면 돌아와도 돼

난독증이었을까

활어처럼 퍼득이는 저 뚜렷한 단어들을
왜 제대로 읽어내지 못하고 살아왔나 몰라

달빛에 젖은
꼬불쳐둔 당신의 편지를 꺼내 읽으며
뾰족한 내 승질머리를 깎아내는 바다 저편
언제나 묵묵히 나를 바라보는 당신을 기억하는
오늘

혼잣말

마주 보며 저녁밥을 먹는 일도
얼마나 큰 축복인가

숟가락 젓가락이 오가는 눈빛의 교차로에서
활짝 피는 웃음꽃
마주 앉은 그대가 있어
외로움의 꽃들이 시드는 시간

하루의 일과를 마치고
힘들었던 감정의 얼룩을 닦아내고
움푹 패였던 마음 곳곳 새롭게 돋아나는
싱그러운 풀잎이 흔들리게 하는 그대의 한 마디

- 오늘도 수고 많았어요

소파에 나란히 앉아 TV를 보며
좋은 일보다 더 많이 쏟아지는
부끄럽고 아쉽고 안타깝고 화가 나는 뉴스를 들으며

가만히 손등을 토닥이는 온기에 다시 힘을 채운다

곁에 누워 잠든 그대를 보며
오늘도 꺼내지 못한 말

- 내 곁에 있어 줘서 고마워요

뺨을 쓰다듬으며 온기로 전해보는
소리 없는 혼잣말

4월에는

4월에는
뜨거운 강물이고 싶었다
다복솔 수북한 가슴 깊이
눈물을 묻고
상류에 흐드러지게 핀 꽃잎만 간추려서

가까이
더 가까이 닿고 싶어
물가에 몸을 굽힌 수양버들 그늘 아래
절절한 그 마음 자락 닮고 싶어 서성이는

강물에 발을 담근
새 한 마리 바라보며
내 안의 담장을 허물어버린
그대에게
붉은 꽃 둥둥 띄우고 달려가고 싶었다

소금 꽃

죽을 힘을 다해 달려와 다다른
지상의 한끝에서 피는
너를 본다

비우고 또 비우고
마지막 남은 한 방울 수분까지
싹 다 비워내야 피는
너를 본다

사막의 땡볕보다 더 따가운
오뉴월 땡볕 아래
신라의 유물보다 더 오래된
시들지 않는 꿈으로 피는
너를 본다

꽃,
지상에서
가장 처절한 몸짓으로 피는 너를
물끄러미 바라본다

여름 편지

운문산雲門山 외진 기슭
삐걱거리는 개망초로 서 있어도
반짝 웃는 그대야
오늘은 풀썩 주저앉아 바람이나 만나자

아직 눈물을 보이지는 마
다행히 너를 만나며 슬픈 시간은 없었어
시퍼런 고통의 경계 끝에 앉아
붉은 신음 울컥울컥 토해내는 줄장미처럼
비틀리며 엎드리며 기대며 온 날들이었어도

가슴을 비우자
뼛속까지 다 비우자
말하기 싫음 말문을 닫아도 좋아
운문호가 보이는 잡풀 위에 앉아
허공에 등 기대고 먼데 하늘이나 보자

숨 막히도록 외로웠던 내내

입술 깨물며 침묵했던 착함으로
죽고 싶도록 그리웠던 내내
변함없이 오늘을 살아낸 견딤으로
만삭이 된 고통 소리 없이 날려 보내자

매미가 운다
쓰르라미도 운다
저렇게 울다가 숨이 끊어지는 사랑도 있다
한평생 못다한 그리움으로 저무는 목숨도 있다

3부
통영 여객선 터미널에서

통영 여객선 터미널에서

아버지를 태우고 오는 객선을 기다리는
통영 여객선 터미널 대합실은
한산도 귀퉁이에 엉덩이를 걸친
문어포 마을만큼이나 한산하였다
연고도 없는 한산도 바닷가 한 모퉁이
녹슨 양철지붕 아래 뿌리내린 아버지의 노년은
무료한 객선의 걸음만큼이나 천천히 흘렀고
그렇게 느린 객선보다 먼저 흘러온 쓸쓸함이 출렁이는
대합실에는
저마다 기억의 보따리를 두어 개씩 안고 온 사람들이
속내를 감추기 꼭 알맞을 만큼의 거리를 두고
띄엄띄엄 앉아있었다
건너온 세월이 고단했던 것일까
키가 작고 허리가 구부정한 중년 아낙이
자꾸만 헐거워지는 기억의 보따리를 풀었다가 고쳐 매는 잠시
하릴없이 벽에 기댄 채 빠알간 손가락으로
무료에 지친 시간을 콕콕 집어내는
대합실 바람벽의 디지털 벽시계는

아버지가 도착해야 할 또 한 번의 시간을
훌쩍 넘기고 있었다
이즈음 한산도를 들러 돌아오는 객선은
어느 낯선 해역의 단풍놀이를 떠난 것인지
부두는 여전히 비어 있고
갈 곳 없는 갈매기들만 끼룩끼룩 물음표를 그리고 있었다
연안 여객선 항로도 앞에
미동도 없이 서 있는
뒷머리가 희끗희끗한 저 사내는
한때 찬란했던 그리움의 항로를 더듬고 있는 것일까
와야 할 사람이 오지 않는 대합실에서
하릴없이 벽시계만 힐끔거리며 서성이는
참 느린 십일월 초순의 하오

그 섬의 작은 마을

그곳으로 가는 길은 늘 조심스러웠다
낯선 항로를 건너가는 초행의 항해사처럼
가는 걸음이 무거웠던 건
차마 마주하지 못했던 내 안의 소심함 때문이었을까
오랜만에 찾은 그 섬의 객선 부두엔
오래 방치했던 기억들이
떠밀려온 부유물처럼 소란스러웠다

찌든 생활의 그늘이 토해내는 기침 소리 앞세우고
그 남자는
객선 부두가 보이는 야트막한 언덕에
올 적마다 담배를 피워 물었다
해풍은 담배 연기를 희롱하며 깔깔거리며 허공을 뛰어다녔고
검버섯 핀 얼굴은
개망초꽃 흐드러지게 핀 볕 좋은 언덕에 앉았어도
쉬이 펴지지 않았다
한평생 우직하게 땀 흘려도 펴지지 않는 살림 앞에서
사는 게 다 그런 거라고 속살대는
해송과 동백과 도토리나무의 수다를 털어내며
다시 걷는 걸음은 여전히 힘겨운 여정이었고

누군가를 떠나보내 본 사람은 침묵의 깊이를 잴 줄 안다
봄에서 여름으로 건너가는 사이 범람하는
붉은 꽃잎들의 기묘한 풍장 속에
술 취한 남자를 업고 집으로 향하는 길은
늘 헉헉대는 저녁노을의 거친 숨결이
멈추고 싶은 시간의 행간마다 막막함으로 녹아들었다
후회는 아무리 빨라도 늦은 거랬지
저놈의 햇살이 너무 직선으로만 내려서 그늘이 생기는 거라고
비빌 언덕 없는 이놈의 섬 구석이라서 더욱 짙은 거라고
꿍얼꿍얼 혼잣말하는 남자는 가볍고도 무거웠다

기억이
불에 탄 흔적처럼 눌어붙기 전
좀 더 천천히 걷는 법을 익혔으면 좋았을 것을
웅크린 그 남자 등의 곡선을 옮겨놓은 것만 같은
저 섬의 잔등은
어둠 속에서만 허리가 펴지는 것인지도 모른다
사람도 어둠에 들면
야생의 기운이 솟구치는 짐승으로 진화를 한다는데
하물며 누구도 거들떠보지 않는 섬쯤이랴

누군가는 그럴 테지
등은 굽었어도 심지는 곧을 거라고
- 곱사등이 얼레얼레 낙타 등이 올레올레
숱한 낙서로 얼룩진 낮은 단층집 담벼락엔
보름에서 사나흘 지난 달빛들이 걸터앉아 피식거렸고
도라지꽃 만발한 바닷가 비탈진 묵정밭엔
날벌레들이 군무를 추며 음영을 드리웠다
물결 따라 먼저 간 그 남자는 알고 있었던 것이겠지

사람의 길이
아무리 똑바로 걸어도 뒤돌아보면
저 바닷가 모래밭에 삐뚤빼뚤 흐트러진 발자국인 것을
그렇게 흐트러진 발자국들이 모여들어
또 하루의 저녁밥 냄새 피우는
이 작은 섬 외진 마을에서
저마다 꽃을 피우는 것 또한
사람의 길인 것을

산수유

누군가 말했다지 내가 봄을 부른다고
한 번도 목소리를 내어본 적 없어
나도 모르는 내 목소리를
그 누군가는 어떻게 들었을까?
머리도 빗지 않고
탈색된 노란 빛깔의 푸석한 머리카락
바람 고무줄로 질끈 동여매고
개울물 흐르는 소리를 따라
쑥이며 냉이며 질경이며 민들레며 바랭이 풀 같은
온갖 풀들이 연초록 잎을 피워올리며 재잘대는
그 흐뭇한 소리에 귀 기울이며 서 있는데
은근슬쩍 봄이 다가와 곁에 서성이더라
목련도 환한 웃음 피우고
저만치 진달래도 벚꽃도 어우러져
함께 웃는데
왜 저리 다들 웃어 쌌는지
곁에 선 봄을 툭툭 건드리며 고갯짓을 하자
봄은
어느새 토라진 표정으로 돌아서서
저만치 가버리더라

무의도 억새

사랑한다고
함부로 입 밖에 내지 마라

국사봉 그늘 아래 살얼음 엉킨 세월
맨발로 딛고 서서
피멍 든 입술로 오늘을 추스를 때
만삭의 몸을 푸는
십 일월 보름밤의 깊고 푸른 비명처럼
달빛 시린 물속을 자맥질하는 꿈길 따라
얕은 잠 여울목
붉은 발로 건너
헐벗은 몸뚱어리 꼿꼿하게 세울 그때

나, 그대
사랑했었노라고
낮은 목소리로 말을 하라

그 섬의 동백꽃

아무도 주목하지 않는
내 삶의 응달에 뿌리내린
노을보다 더 붉은 동백꽃이
올해도 어김없이 피었습니다

작년 겨울부터 피기 시작한 꽃은
봄을 지나 여름과 가을에도
지치지 않고 꽃잎을 열었습니다

오래도록 비가 내리지 않는 날엔
내 심장에 물관을 꽂고
그리움의 피를 퍼 올려 꽃잎을 열었습니다

늘 목말랐던
봄, 여름, 가을을 건너
다시 눈이 내리는 오늘

한껏 붉은 꽃그늘 아래 그대 걸어오실
내 삶의 한복판에서 선착장 부두까지 이어진
눈 덮인 길을
오래도록 바라보고 있었습니다

삼천포 가는 길

1.
벼들이 서둘러 떠난 해안가 논두렁마다
억새풀 하얀 손들이 흔들렸다
방풍림 아래
햇살의 물컹한 웅덩이에 엉덩이를 올려놓고
졸고 있는 남해
폭포수처럼 흘러내린 바다의 은빛 머리카락을 쓰다듬는
억새들 손가락 사이로 따스한 기억들이 흩날린다
길섶에 핀 들국화이거나
코스모스 꽃잎이거나
눈 시린 하늘이거나
저리 의뭉스레 퍼질러 앉은 남해 할 것 없이
눈길 닿는 곳곳마다 그대 내음 묻어있다
늘 멸치비린내 나는 시간 속
퍼렇게 눈 뜨고 살아있는 그리움 한 덩어리 물컹대는
이 길 위에는

2.

오늘 또 그리움 하나
안개 바다 저편으로 떠밀려 갔다
빗방울은 허공에서 길을 잃고
무질서하게 흩날렸고
이렇게 물비린내가 감싸는 날엔
내 안 휑한 공터마다 갈매기들이 날아와
낮은 음계의 발자국을 찍었다
소금기 어린 시간의 텃밭에서도
추억은 언제나 무성하게 경작되었다
새벽 기침처럼 가슴을 흔들어 놓는
불편한 생활의 불판 위에서도
기억은 씨방을 열고
꽃이거나 나비거나 혹은 그리운 이름 같은 것들을
하나씩 날려 보내고 있었다
반짝이는 등댓불을 따라 드문드문
해안 등이 눈을 뜨는
부산에서 삼천포 가는 이 길 위에는

겨울, 공원묘지에서

1.
참 조용하다
적막을 적시며 내리는 비
얇고 흰 천 같은 안개가 덮이고
지렁이처럼 꿈틀거리며
젖은 낮잠 속을 기어가는 오후 두 시

부화를 기다리는 기억의 맨살에
붉디붉은 빗발이 흐드러진다
누군가 다급하게 문을 두드리는 소리
카펫 위에 흘러내리는
붉은 페인트처럼 끈적하게 엎질러지는 비명소리
그 위에 후둑후둑 쏟아지던 앰블런스 경적소리

그런데 참 이상하다
왜 이렇게 조용한 세상이지?

2.
살아있어 세우는 허술한 목숨의 집
그녀의 안부가 못내 궁금하다
빗발에 지워지던 먼 산 가까운 산 가슴에 포개어 놓고
이름 새긴 돌 한 덩이 세워놓고 돌아앉은
마른 풀 잘 빗질 된 봉분 속은
결 고운 추억이 덮여 한결 따뜻할까?

아주 오래전
그대 이승의 사람이었을 적에
미련퉁이처럼 히죽거리며 옷을 열고 살을 나누던
슬픔의 뿌리들이 물관 체관 엮어 그리움의 키를 키우는데
낫 갈아 베어버리고픈 것은
누워도 일어서는 저 질기고 억센 슬픔만이 아니다

삼랑진 연가

1.
경전선 철로를 따라 한림정 쪽으로 가다 보면
낙동강역을 지나
아주 오래된 철교가 하나 있습니다
그 철교 아래 강가에는 수양버들 몇 그루가 있지요
무슨 근심 그리 깊은지
음력 삼월 청명한 오후에도 머리 풀고
훠어이 훠어이 서러운 가락 풀어내는
수양버들 몇 그루가 있지요
마음 닿는 인연이라는 건
얼마나 더 쓸쓸히 기다려야 하는 걸까요?
강물이 안으로 깊어지듯 오늘 풀어낸 울음은
다시 더 깊은 울음으로 맺혀 들고
그때 불현듯 어둑어둑해지는 하늘 속으로
와르르 초저녁 찬별들 쏟아지는데
이제는 희미해질 법도 하건만
아직도 생생한 상처로 터져나는 오래된 사랑 하나
얼마나 더 먼 길을 걸어가야 하는지
눈물납니다

2.

시도 때도 없이 불쑥불쑥 치솟는 글썽임으로
늘 질퍽거리는 오후 세 시의 철둑길을
심상치 않은 쓸쓸함 한 점 앞세우고 걸어가며
오래 부르지 않았던 그대 이름 가만히 불러볼 때
다시 삼월이 옵니다
그리운 이름 하나 가슴에 담고
진달래 철쭉 흐드러지게 핀 길을
미친 짐승처럼 헉헉대며 돌아다니다가
짓무른 가슴으로 쓰러져 몸살 앓는 빌어먹을 춘삼월이
다시 옵니다
정말 어쩌면 좋을까요?
올해도 여전히 온몸으로 그리워하다가
짓물러 터진 가슴 부둥켜안고 주저앉아
붉은 햇살에 몸을 적시며
봄 보리밭 위로 날아오르는 종달새처럼
소프라노 톤으로 울어야 할까요?

3.
참 오래전부터 그대를 만지고 느끼고 싶었지요
사랑이란
영혼과 육신을 함께 태우는 불길이기에
그대 마음과 살을 모두 열고
내 마음과 살로 모두 채우고 싶었습니다

그대가 속된 욕정이라 질책하셔도
살과 살이 만날 수 없는 사랑이란
결코 슬픔을 공유할 수 없는 것, 하여
그대 안에 영혼과 육신으로 꽉꽉 채워지는
단 하나의 뜨거움이고 싶었습니다

육신을 채움으로 하여
언어로 교감하지 못했던 것들과
지독한 슬픔과 고통을 공유하게 되어도
그대와 더욱 가까운 길이기에
기꺼이 그 길을 선택하고 싶었습니다

입술로만 베푸는 사랑으로
깊은 슬픔과 고통을 나눌 수 있을까요?
살과 살을 섞으며 마음과 마음을 엮으며
슬픔 속에서도 솟아나는 따뜻함으로
서로서로 채우며 어루만질 때
우리네 사랑은
비로소 형상의 옷을 입는 것이 아닐까요?

4.
종종걸음으로 새벽이 찾아왔습니다
밤새워 헐떡거렸던 욕망을
가라앉혀야 할 시간이 온 겁니다
출렁이는 욕망을 감추지 못했다고
얼굴을 붉히진 않았지요
사랑은 때때로 욕망의 옷을 입을 수도 있으니까요
더러 오래오래 익는 홍시처럼
스스로 마음의 무게조차 감당치 못해 툭 떨어지는
가만히 껴안고만 있어도 좋을 그런 사랑은
참 드문 것일 테니까요

동쪽 하늘에 붉은빛이 축복처럼 열리고
밤새워 태웠어도 다 못 태운 한 조각 마음 남아 있어
알몸으로 맞이하는 새벽은 더욱 황홀하였지요
커튼을 열고
사랑하는 이와 알몸으로 가만히 껴안고
맑은 눈빛 주고받으며
일출의 교향악이 끝날 때까지
그렇게 오래오래 껴안고 있었지요

5.
그러나 우린 울었네
춘삼월 삼랑진 강가 모래톱에 주저앉아
나는 강물 소리처럼 깊고 낮게 울었고
그댄 바람 소리처럼 가늘고 애절하게 울었네
어디서 오는 건지 알 수 없는 슬픔이
강물 따라 떠밀려오고
새벽녘까지 끊임없이 떠밀려오고
우리가 울음으로 다 못 풀어낸 슬픔은
강기슭 갈밭에 쌓여

파르스름한 새벽안개가 되어 피어올랐네
새들이 갈밭에 깃들이던 그 날 저녁에서
다음날 새벽까지
우린 나란히 앉아 떠나 보내야 할 시간과
그것들이 가지는 기억의 질량을 정확히 달아내어
그렁그렁한 눈물 뚝뚝 흘리며
서로의 가슴에 꾸역꾸역 담아주고 있었네
아침이 오고 새들이 다시 날아오를 때
우린 서로의 이름 하나 가슴에 인두로 새겨넣고
한 사람은 경전선을 타고
한 사람은 경부선을 타고 갔네
뒤돌아서서도 여전히 그렁그렁한 눈물을 달고 갔네

6.
한 사십 년 세월 흘려보내고 홀로 돌아와
삼랑진역 대합실을 지나
강둑에 나가 주저앉아 보네
축축하게 젖은 슬픔의 안개들 다시 피어오르고
가슴에 새긴 이름 하나 아직 잊히지 않았네

강물 따라 흘려보낸 강산도 변한다는 그 세월도
그때 그 그렁그렁한 물기 젖은 기억의 질량
조금도 덜어내지 못했네
그때 그 넘쳐나던 눈물 소리
한 소절도 씻어내지 못했네
그대 낮게 들먹이던 어깨의
둥그런 곡선도 지워지지 않았네
경부선과 경전선을 오가는 열차는 여전한데
그리운 이여
저 열차가 머무는 어디쯤에서
그대 여전히 안녕한가

바다가 보이는 카페의 시

낮게 일렁이는 물결의 속삭임 속
그리운 목소리가 은빛으로 반짝입니다
기억의 서랍장에 넣어 둔 시간의 흔적들이
빗방울이 수면에 무수한 동심원 꽃을 피우듯
그렇게 흐드러지고
바람이
길고 투명한 손가락으로
슬쩍 물보라를 일으키며
젖은 마음을 힐끔 엿보고 지나갑니다
쉽사리 닿을 수 없는
마음의 간격을 두고
더 깊은 울컥임으로 살아있는 이름 하나
수평선에 걸어놓고
오랜 상처를 닮은 긴 항적 남기며
미끄러져 가는
배 한 척 물끄러미 바라봅니다
커피 향이 가슴을 데우는
이 스산한 저녁나절에

하조대에서

강원도 양양군 현북면 하광정리 바닷가에는
코너에 몰려
절박한 심정으로 하루하루 버티는
목숨이 산다
저 넓은 세상 어디에서도
주저앉을 한 평 땅 얻지 못해
변두리로 변두리로 내몰려
다다른 하조대 앞 끄트머리
허구헌 날 파도에 몸 적시는
바위틈에 뿌리내려
아슬한 허공에 몸을 세우고
하늘을 향해 마음의 기둥을 세운다
수평의 세상 위에
수직의 새 기준을 세운다
한 겨울에도 푸른 뜻을 잃지 않고
바다를 향해
살아있음의 함성을 내지른다
우렁찬 함성에 놀란 바다 쪽에서

시뻘건 표정의 태양이 툭 튀어나와
사방천지 햇살을 흩뿌리면
비로소 아침이 열린다
하조대 정자 위에 서서
이 땅의 아침을 부르는 함성을 듣는
내 마음에도
우뚝한 수직의 기둥 하나 세우고 있다

4부
국화차를 만들며

국화차를 만들며

햇살 한 줌 바람 한 줌
안개 향기 한 스푼 넣고 잘 버무린
간절함이 저물기 전에

아무리 꾹꾹 눌러도 자꾸만 고갤 세우는
내 못난 성질머리 똑똑 따서
흐르는 물에 씻은 후 연한 식초 물에 담근다

건져낸 것들은 깨끗이 헹군 다음 잘 말려야 한다
뽀송뽀송한 기억의 결이 햇솜처럼 살아나야 한다

시간의 프라이팬을 준비할 것
뜨거운 감정 과잉을 조심할 것

조금씩 부피가 줄어들며
향기가 안으로 진하게 고여들 때
재빨리 밀봉하여야 한다

혼자 서 있으면 늘 마음 시린 땅 위에서
그대를 만나
잘 숙성된 눈물로 뜨겁게 우려낼 때

그대 가슴에
내 영혼의 향기 오롯이 스며들어
노랗게 물드는 황홀한 꿈을 꾸며

녹는 눈을 보며

한갓 외진 절간의 지붕에 내리지 않았으면
아스라한 변경의 강가
질퍽이는 꿈이라도 꽃피웠을 것을
거기 상처투성이 갈대들도 보듬어 안고
거친 여울에 몸을 담근 돌들도 어루만지며
어화둥둥 노을 풀어
어질고 따뜻한 어둠을 부르기도 했으리라
어쩌면 남루한 입성의 숨결 속으로 스며드는
새벽녘 맑은 자리끼라도 되었으리
그저 햇살 드는 몇 장의 기와에 의탁한 운명
연화 단청 선연한 추녀 끝에 달린 풍경 소리에
곤한 몸을 눕히고
조금씩 조금씩 제 살점 녹여내어
목마른 섬돌의 가슴을 적셔주며
다시 또 꽃향기 휘감고 찾아올
아름다운 한 시절을 위하여
낮은 곳으로
더 낮은 곳으로
제 한 몸 자양분으로 풀어내는 무소유의 삶이여

속울음 깊은 오후

밀물이 뒤꿈치를 들고 찾아들던
그해 팔월 오후
아버지와
비 그친 후박나무 그늘에 나란히 앉아
어두운 안색의 바다를 보았다

빨랫줄에 뒷덜미를 잡혀
짧은 비명 토해내며 연신 펄럭이는 옷들이
아물지 않은 기억들을 끄집어내며
감추고 있던 빗물을 주르륵 쏟아놓을 때
떠난 후 돌아오지 않는 이름을 더듬는 아버지는
쓸쓸함으로 깊어가는 우물이었다

토해낼 것 다 토해낸 구름이
섬 비탈을 거슬러 올라가
다시 젖은 영혼이 되는
속울음 깊은 오후

강江의 길

내 피가 뜨겁지 않다고 속단하지 말라
나의 길은 길고 거칠어
더운 입김 내뿜으며 한걸음에 달음질쳐 갈 길이 아니다
산들이 안개에 떠밀려 둥둥둥 흘러갈 때도
자박자박 걸음 소리 낮추며 천천히 걸었다
불콰하게 충혈된 저녁
그 걸걸한 목청에 귀 기울여 본 적이 있는가
날카로운 바람의 쨍쨍한 수다에도
덩실덩실 어깨춤으로 맞장구쳐 본 적이 있는가
잠 못 이루고 맞이하는 푸른 안개 내리는 새벽녘
그 고요하고 쓸쓸한 깊이의 울음을
온몸으로 받아본 적 있는가
늘 더디게 가라앉는 생각들은
울분처럼 덩어리가 되어 떠밀려 다니다가
시나브로 삭아져 바닥에 쌓이는데
내 살 속
누군가의 피가 담기거나 눈물이 담기거나 유골이 섞였다고
누군들 짐작이나 할까

모두 짐작할만한 길로 가지 않는다고
나를 비난하지 말라
나의 길은 굽이굽이 돌아가도 그 길이 지름길인 것을
굽이치다 굽이치다 격정 못 이겨
세찬 물살로 터져나는 여울목에서
수천의 잎 반짝이며 기쁨으로 몸을 떠는
한 그루 버드나무 만나는 길인 것을
천 리 먼 길 흘러 흘러
그대 가슴에
이승에서 가장 귀한 인연으로 닿는
눈물 같은 목숨의 길인 것을

불현듯 아내의 얼굴을 들여다보고

이젠 말없이 마음에 들어와 앉은 바다
애써 지워내지 않아도 흰 꽃길 같던
코스라인(Course line)은 저물어가고
항해등과 정박 등에 익숙해지는 세월의 부피 속에서
홀로 잠드는데 익숙해진 아내는
함께 누워도 먼저 잠들곤 한다
삼항사 시절 모처럼 집에 들러 동침할 때도
군사분계선처럼 딸애와 아들놈을 가운데 눕혀놓고
먼저 잘게요 한 마디 툭 던지고 돌아눕던 아내
그 새우등처럼 휘어진 등뼈를 따라
맑고 시린 해류가 흘러나와
가슴 밑바닥을 적시는 것은 무엇 때문일까
낡은 흑백영화의 한 토막 같은 신혼의 한 시절
온밤 내 팔뚝에 안겨
목젖을 간지럽히던 풋풋한 숨결은 어디 갔을까
아들놈 학교 참관수업을 위해
무 꽁댕이를 자르듯 애써 기른 머리를 싹둑 자르고
어때요? 좀 젊어 보여요? 묻던

기미 꽃이 무성한 얼굴로 곤히 잠든 아내
발치께 이불을 다독여 덮어주다가
불현듯 찬찬히 들여다본 그 얼굴에
달빛 머금고 흐르는 베링해의 해류처럼
맑고 시린 생활의 해류가 흐르고 있는 것은
텅 빈 가슴을 훑고 지나가는
늦은 바람 소리 때문만은 아닌 듯 싶었다

그해 여름의 평화

새로 장만한 오토바이가 뺑소니차에 치여 중상을 입고
겨우내 감기조차 모르던 딸애가 폐렴으로 입원했다 퇴원한
그해 여름
아내는 비탈진 동네 17평짜리 시영아파트에서
빨래를 두고
장마와 씨름을 하고 있었다
손으로 비벼 빨아 꼭꼭 물기를 짜고
서너 번씩 탁탁 털어 널어도 잘 마르지 않는 빨래는
늘 젖어있는 생활 같아서
아내를 끝없이 지치게 하고 있었다
후덥지근하고 눅눅한 근심의 기상도 위에
끝 모르고 줄을 선 지출의 항목 앞에서
아내의 숨결은 열대성 저기압처럼 자주 거칠어지고
때로 게릴라성 폭우처럼 날카로운 음성으로
아이들과 내 머리 위에 쏟아지곤 했다.
그럴 때마다 아이들과 나는 소나기를 피하듯
양말 몇 짝 티셔츠 몇 장 걸린 빨랫줄 아래를
엉금엉금 지나

슬그머니 현관 밖으로 도망치곤 했다
애들도 제법 눈치는 있는 터라
제 어미의 성정을 익히 알아 한두 수쯤 접어주고
이럴 땐 삼십육계 줄행랑이 최고라고
내 귀에 속살거렸다
소나기가 그치듯 아내의 숨결이 잦아들고
잠시의 마실에서 돌아오면
울긋불긋 노을 같은 빨래들 널린 집안 곳곳마다
구수한 커피 향기가
저녁 내내 돌아다녔다

비비추

바다를 담벼락으로 세워놓고
여름내 꽃대 하나 올리기 위해
잎잎마다 주름살로 가득 채우는 것이
뱃놈 남편을 둔 탓에
링거를 달고 홀로 꼿꼿이 앉아있는
아내를 닮았다

아랫돌 빼서 윗구멍을 막는 생활처럼
아랫대궁에서 윗대궁으로
하나씩 하나씩 꽃잎을 열어갈 때
아내의 허리엔 협착증이 오고
파도 꽃을 닮은 흰 머리가 늘어갈수록
연보랏빛 꽃들은
저 잘나서 다 큰 줄 아는 자식놈처럼
더욱 빳빳하게 고개를 들었다

오전 열 시쯤의 수평선처럼
파랗게 빛나는 비비추 꽃잎이

부정맥으로 쓰러지던 아내 입술과
어찌 그리 닮았는지
목과 눈가에 자글자글 자리 잡은 주름살들이
바람 불 때마다
비비추비비추 노래하는 것만 같다

생활의 가파른 절벽에서
늘 종달새처럼 날아올랐던 아내가
사실은 뻘밭에 뿌리내린 식물성이라는 것을
이 여름이 다 저물 무렵에야 비로소 알았으니
못난 놈 참 못난 놈이라고
저 비비추가 저녁 내내 욕한들
내 무어라 변명하랴

미역

시간을 정지시키면 외롭지 않으리라 여겼네
조금씩 아주 조금씩 물기를 떠나보내며
부드러웠던 몸이 딱딱해져 가는
서른세 살의 사내가 맞이했던
그 춥고 적막한 어둠처럼
불안을 깨물며 혼자 중얼거리고 있었네
차가운 눈발 불 켜진 유리창에 투신하며 눈물이 되는
속 쓰린 새벽에도 그랬었네

낯선 사랑이 끼어들 수 없도록
잘 수축된 힘줄과 근육과 혈관 속에서
한결 헐렁해진 기억들이 따뜻한 갈증으로 수런거릴 때
양푼에 담긴 한 바가지 물속으로
번지점프를 하듯
아아 나는 그렇게 몸을 던졌다네

정지되었던 시간이 풀려나는 느낌을 아는가
그 간질간질하면서도 스멀스멀 찾아드는

묘한 부활의 쾌감은
첫사랑의 느낌처럼 찾아온다네
오래 잊고 있었던 소중한 것들의 숨결처럼
그렇게 느닷없이 찾아온다네

혈관마다 연초록 피톨들이 콩콩콩 뛰어다니고
굳었던 근육들이 부드럽게 풀리면서
내 안에 갇혀 있던 외로움도 함께 풀려나
어디론가 재빠르게 사라지는 것을 보았네
바람의 손을 빠져나와 일렁이는 햇살처럼
눈부시게 펄럭거리며 사라지고 있었네
까닭 없이 눈물이 핑 도는
이 맑고 시린 부활의 아침에 말일세

그해 시월은 한산도

태풍이 할퀴고 간 집수리를 끝낸 시월 초순
바다 쪽으로 난 미닫이문을 열고
아버지와 나란히 좁은 마루에 앉아
어둑해져 가는 한산도 앞바다를 보며 막걸리를 마셨다

아물지 않는 기억들이
반짝이는 해안등 외투를 걸치고
방파제 위에 걸터앉은 파도 소리가 되어 나부낄 때

몇 쌍의 연인들이
다정히 허리에 팔을 두르고 서 있는 풍경의 바깥에서
아버지는
자꾸만 떠나고 오지 않는 이름들을 웅얼거렸다

눅눅한 빗발 다 떨구고 바람 타는 구름이
왜 젖은 마음 다시 적시는지
뒤란 아궁이 속 나무들의 붉은 숨결은 어디로 가는지
아버지도 나도 몰랐다
수평선만 하염없이 바라보았다

배링해의 섬

만나고 싶을 때 만날 수 있는 사람이
얼마나 소중한 것인지
베링해 가장자리에 앉아있는 저 섬은 안다
저녁 폭설이 자욱하게 밀려드는 바다 위에서
그리움은
벚꽃보다 더 화려한 폭설로 내려도 도무지 쌓이지 않는다
홀로 머무는 시간을 견딘다는 것은
기억의 응달에 흐르는 따뜻한 실핏줄 같은
사람과 사람이 엮어가는 씨줄과 날줄인 것을
남몰래 상처를 감추고 앉아
말없이 제 상처를 핥고 있는 웅크린 짐승 같은 저 섬은
세상의 누구도 눈길 주지 않는 외톨이로 서서
헐벗은 육신에 깃든 퍼렇게 언 영혼 하나 껴안고
영하의 바람 속 마디마디 저려오는 손발을 주무르며
철새들이 쉬어가는 징검다리로 앉아있다
그리운 이름 불씨를 다독이며
베링해 가장자리에 앉아있는 저 섬은
한산도 외진 토담집 홀로 지키며
지워낼 것 다 지워낸 가장 간명한 곡선으로 남은
칠순을 넘긴 아버지의 굽은 등을 닮았다

백일홍

아내는 식물성이다
화분에 담겨 봄맞이 새 식구로 베란다에 자리 잡은
백일홍 녀석과 함께
밤새워 붉은 열꽃을 피워올리고 있다
머리맡에 앉아
물 찜질로 이마를 닦아내는 내 손을 멈칫하게 하는
아내의 숨결은
여전히 백일홍 꽃잎처럼 뜨겁고
나는
무수목도 안녕하고 군자란도 안녕하고
자잘한 허브들도 죄다 안녕하다고
기진한 아내를 토탁인다
뿌연 안개가
한 무더기 희디흰 꽃다발로 문안하는 새벽녘
중학생 딸애의 블라우스를 다려 입혀 보낸다며
한참 크는 아들 녀석 아침을 챙겨 먹여 보낸다며
후들거리는 무릎 일으키다 쓰러지는 아내를 안아 눕히며
딸애도 안녕하고 아들 녀석도 여전히 안녕하다고

내 다 알아서 먹이고 입혀 보낸다고
다시금 아내를 토닥일 때
얄미운 백일홍 화분 하나
더욱 붉은 꽃 한 무더기 피워 올리고

5부
용환이 형

용환이 형

부산시 해운대구 반여2동 시장통 끄트머리에는
장산 한우 식육점이 있는데
식육점 사장인 용환이 형은 자주 가게를 비우곤 한다
이십 년도 넘게 가게를 지키며
반여2동 시장과 함께 낡아 온 용환이 형은
시장통 골목 가득 개미 떼처럼 사람들이 북적거렸던
참 좋았던 한때를 지나
무릎이 튀어나온 낡은 추리닝처럼 낡아 있었던
몇 년의 세월도 거뜬히 건너
구청에서 전통시장 활성화 시책으로 새 단장 해준
지금의 시장통에서
팔십CC 짜리 고물 스쿠터를 몰고 다니며 배달을 한다
복잡한 시장통 골목에는
얼마나 많은 거미줄이 얽혀있는지
용환이 형은 자주 가게를 비우고
송출선을 타다가 귀국한 동생이
삼겹살 몇 근이라도 사러 들를라치면
형수인 정미 씨는 푸근한 웃음과

형이 어디서 누구랑 막걸릿잔을 나누고 있는지
육소간에서 고기를 끄집어내듯
미주알고주알 풀어내곤 한다
한쪽 발 의족을 끼우고도 돼지 한 짝은 너끈히 지고 나르는
용환이 형은
형수 잔소리에 그저 허허 웃고 마는
반여2동 시장통 마당발이다
시장통 한복판에 새로 생긴 식육점에 사람들이 북적거려도
올 사람은 다 찾아올 거야 허허 웃는
반백의 머리카락 휘날리며 뛰는 용환이 형은
지금도 짱짱한 현역이다

시장통 앞 정류소에 서서

매서운 꽃샘추위가 머물고 있는
시장통 한가운데 서서 하늘을 본다
코가 가늘고 촘촘한 푸른 그물이 내려와
드문드문 가게 문이 닫힌
시장통 통로 지붕에 얹히면서
눈을 따끔거리게 한다
불현듯 축축해지는 눈빛이 기억의 아린 맨살에 닿는다
- 함께 있어 참 따뜻한 날들이었는데….
순댓국집과 튀김 가게와 미장원이 나란히 자리 잡은
낯익은 골목을 혼자 돌아 나와
정류소 앞에 걸음을 멈춘다
버스가 그냥 지나간다
택시도 그냥 지나간다
늘 어수룩해서 놓치는 것 투성이인 내 삶 속
저마다 마스크 하나씩 쓰고 왔다가
인사도 없이 스쳐 가는 사람들처럼
늘 바쁜 시간의 몸짓들이
종종걸음치며 지나간다

햇살이 폭포수로 쏟아지는
시장통 앞 버스 정류소에 서서
가로수 가지마다, 그대 남기고 간 기억을 걸어놓고
함께하여 따뜻했던 페이지마다
밑줄 그으며
거듭거듭 읽어보는 오늘

그 동네 시장통에 가면

버스 정류소에 내려
금은방이 있는 건물을 끼고 왼쪽으로 돌면
시장통 입구 비탈진 골목의 첫 번째 가게는
반지하 슈퍼마켓이다
반쯤 흐린 날 구름처럼
채소를 다듬고 남은 것들이 구석구석 듬성듬성 놓여있는
슈퍼 앞 서너 걸음 거리에 주민센터가 있고
주민센터 앞 채소와 나물과 건어물이 펼쳐진 좌판은
나이를 짐작할 수 없는 할머니들의 아지트가 되었다
낮게 깔려 눅눅하던 구름이 빗방울이 되어 떨어지면
파라솔 지붕을 펼치고
주섬주섬 낡은 비옷을 꺼내입고 좌판을 지키는 할머니
반지하가 많은 이 동네 골목 바닥에
악착스레 몸을 붙이고 버티는 것은 신문지를 닮아간다
좁고 낮은 다세대 주택 건물이
저마다 차마 할 수 없는 속엣 말 같은
에프알피 물탱크 하나씩 품고 선 골목마다
짧은 비 그치고 저녁이 기웃대면

윗골목 아랫골목 할 것 없이
저마다 식솔들의 일용할 양식을 위해
허름한 추리닝에 슬리퍼를 끌고서도 시장통으로 모여든다
조금씩 색이 바래져 가는 시장통 가게의 동그란 간판들이
변함없이 환한 표정으로 인사를 한다
튀김 냄새와 생선비린내와 사람의 땀내가 뒤섞인
시장통 좁은 골목에서는
자주 어깨가 부딪히고
어깨가 부딪힌다고
아무도 얼굴을 찌푸리지 않는다

순천만 갈대

내 꿈은 꽃이 아니다
가을이면 너도나도 주렁주렁 달고 가는
열매도 아니다
억센 종아리로 버팅기며
땅도 바다도 아닌 질퍽이는 그곳
몸빼바지 하나로
사계절을 건너가며
똥게 갯게 농게 방게 꼬막 낙지 짱둥어들이
나의 꽃이다 사랑이다
파마머리도 생머리도 아닌
까치집 같은 머릿결
노란 고무줄로 질끈 동여매고
갯물 드는 저녁마다
애물단지 같은 자식들
치마 속으로 다독이며 키워가는
미친년 춤사위 같은 한 생이다
꽃이 없다고
열매가 없다고

손 가락질 하지 마라
거친 바람결에 이리저리 휩쓸리며
때론 납작하게 엎드리며 살아도
비린내 질척이는 어시장 좌판이나
쿰쿰한 냄새 짙은 하역장 모퉁이 같은
이 땅의 그늘진 곳 어디나 뿌리내리고
거친 숨결 가라앉히며
생목숨 같은 자식들 키워가는
내 꿈은
꽃이 아니다
결코 꽃이 아니다

그 여자의 밥상

형태의 변화가 없는 것은 요리가 아니라고
그 여자는
감자를 얇게 채 썰어 볶아내며 중얼거렸다
가끔은 채 썬 당근을 함께 섞어 볶아
하얀 접시에 담아 상에 올리며
찌거나 구운 감자를 양푼이에 담아 건네는
옆집 여자의 뒷모습을 향해 피식 웃는 그 여자
솥에 둘러 나왔다고 다 요리가 아니라고
제 식구 밥상머리 올리는 음식이란
시간과 정성이 버무려져야 하는 법이라고
낡은 앞치마에 젖은 손을 닦는다
밥 한 끼 먹는 일도 사람의 일이라고
사람의 일에는
모름지기 사랑이 담겨야 하는 법이라고
아침저녁 밥상을 차리는 그 여자는
혼잣말과 함께 바쁜 몸짓으로 부엌을 누빈다
잘 차려진 식탁 위에 놓인
숟가락 하나 젓가락 한 쌍
액자 속에 갇혀 벽에 걸린 가족들이
잘 차려진 그 여자의 밥상을
아침저녁으로 내려다보고 있다

흑백사진

가느다란
인내의 촉수는
수런거리는 오후에 닿아있다

뒤란 대숲
굵고 거친 마디 이루어
지층 깊숙이 뿌리내린 기억의 두께

바람이
오후 네 시의 햇살을 앞세우고
녹슨 양철 대문을 가볍게 두드릴 때

마을 곳곳 아궁이마다
팔순의 손길이 지피는
안식의 불빛

안방 바람벽에 걸린
오래된 사진 몇 장
넉넉한 말 없음 속으로 몸을 담그고 있다

그해 팔월의 단풍잎은 붉었다

이제 그만 갈 때가 되었나 보다
중환자실 침대에 누운 아버지의 목소리는
11월의 단풍잎처럼 마냥 붉었다
그 붉고 메마른 한 생의 무게가
푸르렀던 시절의 반질반질한 윤기가 빠진
가쁜 숨결에 묻어났다
십 년 전에도 같은 말을 했잖아
울산 사는 딸내미의 물기 어린 농담에
희미한 웃음꽃을 피우는 아버지
그 얼굴에서 발끝까지
마지막 한 방울까지 다 퍼주고 비어버린 몸은
구겨짐 없는 환자복처럼 깨끗했다
다들 잘 자라줘서 고맙다
침대를 둘러싼 자식의 얼굴을 찬찬히 훑어보며
쿨럭 기침을 하고는
혼잣말처럼 토해내는 몇 마디의 말
귀 기울여 듣는 눈빛들이 일제히 글썽일 때
아내의 손을 잡는 손등에

검버섯이 낙엽의 갈색 반점처럼 피어있어
아버지의 손이
땅바닥에 떨어진 단풍잎처럼 보였다
저놈이 뱃놈이라 자주 집을 비울 건데…
이리 가면서도 너에겐 짐을 남기는구나
대답 대신 왈칵 눈물을 쏟아내는 아내 곁에서
병실 창밖
팔월에도 툭 떨어지는 단풍잎이 있는 것을
멍하니 바라보고 있었다

가야토기

제사를 지내러 고향에 갈 때마다
아버지는
고분에서 유물을 꺼내듯 문갑 속에서 제기를 꺼내어
마른 헝겊으로 닦았다
붉은 옻칠을 입힌 나뭇결이 흑갈색 토기 빛깔로 변해
백 년이 훌쩍 넘어 보이는 제기를 닦는 손길은
집 앞의 낙동강 물결처럼 느릿느릿했고
또 조심스러웠다
깨끗이 닦인 제기 위에 떡과 전과 두부 같은 것들, 혹은
사과와 배, 밤과 대추 같은 것들이 올라가
자리를 잡을 때마다
난 느닷없이 박물관에서 본 가야토기를 떠올렸다
굽 높은 단으로 올려진 적갈색 몸통
세모꼴 구멍이 나란히 두 줄
그 속을 넘나들던 바람 소리는
천년을 넘어도 여전한 삶과 죽음의 교향곡이었을까
자취도 지워지고 앞가슴뼈도 문드러져 한 줌 흙이 되었는데
구멍을 드나드는 바람으로 남아

밝은 불빛 아래 유유한 자태를 드러내고 있는
저 고고한 가야토기 위에 앉아있는 영혼은
언제 한번 잘 차려진 제사상 받았는지 궁금해졌다
상을 다 차리고 절을 올리면서
오래전 도공의 정성이 빚어낸 토기 위에도 술잔을 올리고
천년을 건너온 가야의 영령들 앞에도
불현듯 한 잔 술을 올리고 싶었다

문상問喪

구십 수를 넘게 누리신 집안의 어르신을 떠나보내고 돌아서는
경북 성주군 용암면 용계동
칠성리 골목 어귀에서
아버지는
아무래도 다음은 내 차롄가 중얼거리시며
네 살 연상의 고모님 손을 잡고 눈시울을 붉히셨다

낙동강을 따라 어두워지는 길을 되짚어 내려오면서
칠십 평생의 세월이
어두워지는 강물처럼 깊고 쓸쓸하셨던 것일까
내내 말씀이 없으시고
간간 마른 기침 소리만 하나둘 켜지는 가로등 불빛따라
어둑한 길 위에 툭툭 떨어졌다

차가 굽은 길을 급히 돌며 기우뚱할 때
바쁠 거 없다 천천히 가자 하시다가
가야 할 때 깨끗하게 가야 할 텐데 하시며
말꼬리를 흐리시는 야위고 기진한 목소리에

불현듯 내 마음 자락 투두둑 풀어지고

지상에서 저물 무렵이면
단 한 번 스쳐 간 인연들도 각별해지는 것일까
내가 알지 못했던 이름들이
그리움의 빛깔로 묻어나는 음성을 들으며
잠시 빛나는 추억의 불빛을 보시는 듯 싶었다

휴게소에 들러
보물을 챙기듯 호도과자 두 봉지를 챙기시며
지금은 토끼 같은 손주들이 있어 살만하다고
애써 쓸쓸함을 지워내시는 모습을 보며
젖은 마음 다시 적시고

침묵의 뿌리

아버지보다 이십 년 먼저 떠나
강 건너 외진 산비탈에
꽤 오래 혼자 누웠던 어머니
기다리다 지쳤던 것일까
침묵이 깊었다

무덤을 파보니
붉은 핏줄을 닮은 뿌리들이
촘촘히 관짝을 감싸고 있었는데
그 뿌리들 다 끊어내고
관을 열어보니
처음 누웠던 자세 그대로
우윳빛 백골만 남아
두 손 가지런히 모으고 누워있더라

살아있을 때 입에 달고 사시던
- 이놈의 세상, 바람은 언제쯤 건힐까
그러나 한 번도 알려주지 않았던

세상이 왜 이놈인지
바람은 또 무엇인지
여전히 알려주시지 않고

화장터 가는 길에 따라온
침묵이
관짝을 감쌌던 뿌리가 되어
내 심장을 칭칭칭 동여매는데
홀로 보낸 세월이 너무 길어
또다시 아버지 옆에 있기 싫었는지
바람 따라 홀가분하게 떠나시려는지
자꾸만 길이 막힌다

화구에서 건져낸 뼛가루가 담긴
유골함을 받아드니
- 너 무얼 하다 이제 왔냐?
준엄한 질책의 체온이
손을 델 정도로 뜨거웠다

굽은 나무 한 그루

아버지 허리는 늘 구부정했다
하나를 잃고 남은
오 남매를 건사하며
강 건넛산 기슭에 누운
아내의 봉분에 함부로 돋은 풀들을 베고
소주 한잔 흩뿌리고
멍하니 하늘을 바라보는 눈빛엔
쓸쓸한 바람이 머물다 가곤 했다
고추 모종을 텃밭에 옮겨 심으며
햇살과 바람과 더불어 키우는
고추들이 붉어질 때까지
고랑을 따라 수시로 뽑아주는 잡초들처럼
자식들 앞길에 걸치적대는 것들
서슬 퍼런 낫질로 싹둑싹둑 잘라내며
낡은 운동화에 무릎 튀어나온 츄리닝으로
혹은, 물 빠진 국방색 잠바 차림으로
봄 여름 가을 겨울 너끈히 건너가던 아버지
- 내 죽거들랑 저 산에 뿌리거라

한 마디 남겨놓고 홀연히 떠난 언덕에 솟은
등 굽은 나무 한 그루
흐린 날마다 마음을 기대고
당나귀 귀를 외치는 숲이 되었다

작품 해설
/ 姜笑耳

| 해설 |

〈다시 바다를 보다〉의 이미지와 서정성

姜笑耳 (시인, 문학평론가)

1. 들어가는 말

이석재 시인은 2020년에 월간 〈문학 도시〉 신인상으로 등단한 후, 국민일보 신춘문예 신앙시 우수상, 이투데이 시니어 신춘문예 우수상, 정읍 무성서원 백일장 대상, 은평인터넷백일장 장원, 사계 김장생 신인문학상 시 부문 대상, 철도문학상 시 부문 최우수상, 등대문학상 시 부문 우수상 등을 수상한 재원이다.

시가 난해하지 않고 술술 읽히는 가독성可讀性이 좋다. 시가 쉽게 쓰인 것처럼 느껴지지만, 이미지의 형상화가 돋보이는 특징이 있다. 또한, 사유가 깊은 서정성도 보인다. 서정과 사랑을 주제로 하는 시, 자연을 소재로 하는 시, 일상생활이나 시장통 서민들의 생활을 소재로 한 시, 아버지를 소재로 한 시와 죽음을 소재로 한 메멘토모리(memento mori)의 시들도 있다. 그만큼 시의 세계가 다양함을 알 수 있다.

시의 면면을 살펴보자.

2. 작품 들여다보기

가. 서정과 사랑의 시편들

인간의 정서 중에 가장 원초적인 정서가 이성에 대한 사랑과 그리움일 것이다. 에로스에 대한 갈망이 삶의 원동력이라고 보는 정신분석학자도 있었다. 에로스(Eros)는 성 본능이나 자기 보존 본능을 포함한 생의 본능으로써, 프로이트[1] 가 사용한 용어이다.

1.
지독한 몸살 같은 빗줄기가
이틀 내내
아프게 휩쓸고 지나간 후
더욱 깊이 사무치는
내 마음의 숲속에서
가장 붉게 물든 단풍잎 한 잎 골라
그대에게 보냅니다
단풍잎에 배인 마음
가만가만 풀어내어
아침저녁 햇살 드는 유리창에
붉디붉은 빛깔로 물들여 놓으셔요
그대와 나 사이에 가로놓인

---

1) 프로이트 (1856~1939): 오스트리아의 심리학자, 신경과 의사, 정신분석학의 창시자로서 잠재의식을 바탕으로 한 심층 심리학을 수립하였다.

저 깊고 넓은 바다를 건너
그대 잠든 창문 아래 말없이 서서
붉게 물든 유리창을 가만히 바라볼 때
그대 영혼에 깃든
내 마음 한 조각으로 여겨
죽는 날까지
가슴 깊이깊이 담아두겠습니다

-중략-

3.
사랑한다는 것이
얼마나 몸서리쳐지는 일인지
제 살 태우면서도 황홀한 표정으로 나부끼는
저 산 꽃물 든 나뭇잎들을 보면 안다
천둥소리처럼 가슴을 울려대던
이 능선 저 골짝 흐드러진 격정의 흔적들을
천천히 더듬어 보다가
지쳐 명상에 잠기듯
이름 모를 암자 산문 앞에 돌사자로 앉았다가
침묵으로 오는 이 땅의 저녁이
은밀한 아픔 하나쯤 숨기고 찾아들면
바람 한 점 없어도 툴툴 털고 일어나
옷자락에 묻은 먼지를 털듯
그렇게 이승의 모든 인연 벗어버리고 가는
이 가을 저 단풍잎을 보며
다시금 생각한다

살아있는 목숨이기에
사랑하는 일 하나도
얼마나 두렵고 떨리는 일인가를.
- <가을 편지> 일부

이 시의 화자는 자신의 마음 숲속에서 가장 붉게 물든 단풍잎 한 잎 골라 그대에게 보낸다고 했다. 단풍잎에 배인 마음을 가만가만 풀어내어서 아침저녁 햇살 드는 유리창에 붉디붉은 빛깔로 물들여 놓으라고 했다. 어째서 가장 붉게 물든 단풍잎을 그대에게 보내고 싶은 것일까? 붉디붉은 빛깔은 정열과 사랑을 상징하는 색채이기 때문일까? 그런데 두 사람 사이에는 깊고 넓은 바다가 있다. 그 바다를 건너서 그대 잠든 창문 아래 말없이 서서, 붉게 물든 유리창을 가만히 바라보겠다고 했다. 그대 영혼에 깃든 내 마음 한 조각으로 여겨 죽는 날까지 가슴 깊이깊이 담아두겠다고 했다. 단풍잎에 붉은 사랑의 마음을 담아 죽는 날까지 마음에 간직하겠다는 사랑 맹세다.

"사랑한다는 것이/ 얼마나 몸서리쳐지는 일인지/ 제 살 태우면서도 황홀한 표정으로 나부끼는/ 저 산 꽃물 든 나뭇잎들을 보면 안다" 여름에 푸른색이었던 이파리가 가을에 붉게 물드는 단풍잎이 되는 것을 보며, 붉게 타는 단풍잎을 제 살을 태운다고 표현했다. 불이 탈 때 붉은 빛을 내는 형국을 묘사한 것이리라.

이 시의 끝자락을 읽어보자.

가을에 단풍잎이 지는 것은, 바람 한 점 없어도 툴툴 털고 일어나, 옷자락에 묻은 먼지를 털 듯, 그렇게 이승의 모든 인연 벗어버리고 가는 단풍잎이라고 했다. 과학적으로 말하면, 가을에 단풍이 지는 것은 나뭇잎에 수분이 말라버렸기 때문이다. 더 이상 나뭇가지에서 수분과 양분을 빨아들이지 못하여 나뭇가지에서 떨어져 내리는 것이다. 그런 자연 현상을 시인은 "이승의 모든 인연을 벗어 버리고 가는…" 으로 표현하고 있다. 낙엽이 되어 떨어지는 단풍을 보며, 시인은 자신의 삶을 반추한다. 살아있는 목숨이기에, 사랑하는 일 하나도 얼마나 두렵고 떨리는 일인가를 사유해 낸다.

낮게 일렁이는 물결의 속삭임 속
그리운 목소리가 은빛으로 반짝입니다
기억의 서랍장에 넣어 둔 시간의 흔적들이
빗방울이 수면에 무수한 동심원 꽃을 피우듯
그렇게 흐드러지고
바람이
길고 투명한 손가락으로
슬쩍 물보라를 일으키며
젖은 마음을 힐끔 엿보고 지나갑니다
쉽사리 닿을 수 없는
마음의 간격을 두고
더 깊은 울컥임으로 살아있는 이름 하나
수평선에 걸어놓고
오랜 상처를 닮은 긴 항적 남기며

미끄러져 가는
배 한 척 물끄러미 바라봅니다
커피 향이 가슴을 데우는
이 스산한 저녁나절에.

– <바다가 보이는 카페에서> 全文

이 작품 또한, 서정과 사랑의 시라고 하겠다. "낮게 일렁이는 물결의 속삭임 속/ 그리운 목소리가 은빛으로 반짝입니다" 라는 표현을 보자. 바다가 보이는 카페에 앉아 화자는 파도의 물결을 바라본다. 낮게 일렁이는 물결의 속삭임을 보면서 그리운 목소리가 생각난다. 그리운 목소리가 은빛으로 반짝인다고 했다. 목소리는 청각적 이미지다. 청각적 이미지를 은빛 반짝이는 물결의 시각적 이미지로 연결하고 있다. 청각의 시각화를 볼 수 있다.

추억이 수면에 동심원 꽃을 피우듯이, 흐드러진다는 구절은 표현의 백미다. 바람이 길고 투명한 손가락으로 물보라를 일으키며 젖은 마음을 힐끔 엿보고 지나간다고 했다. 그리운 이와 함께 하지 못하고, "마음의 간격을 두고/ 더 깊은 울컥임으로 살아있는 이름 하나" 로 화자의 마음과 기억 속에 남아 있다. 사랑하는 이와 함께 하지 못한 채, 그저 그리워만 하는 슬픈 사랑의 시다. "커피 향이 가슴을 데우는/ 이 스산한 저녁나절에" 라고 했다. 커피 향은 냄새일 뿐이다. 커피 향의 후각적 심상이 가슴을 데운다고 했다. 따뜻한 커피를 마시면서, 슬프고 아린 가슴을 데우고 있는 것이다. "더 깊은 울컥임으로 살아있는 이름 하나" 의 울컥임 – 슬픈 정서가 오랜 상처를 닮은 긴 항적으로 남기며 미끄러져 가는 배 한 척 물끄러미 바라보고 있다. 이 시는 자신의 그리움과 울컥임을 엿보고 지나가는 바람, 물끄러미 바라보고 지나가는 배 한 척의 무심함 등에 투사시키고 있다.

외로운 정서와 그리운 정서가 절절하게 교차하는 시점을 정확히 포착해낸 훌륭한 서정시다. 서정시는 시인의 예민한 감수성이 농축된 시의 본령이라고 하겠다.

나. 아버지를 소재로 한 시편들

인간은 누구나 부모님의 은혜를 입고 성장한다. 부모는 자식의 버팀목이고 든든한 사랑의 터전이다. 시인에게 부친은 마음의 언덕이면서도 돌봐드려야 하는 존재로 자리잡고 있다. 오래전에 혼자 되신 아버지의 굽은 등, 외롭고 쓸쓸한 삶을 애달파 하는 시편들이 여럿이다. 〈베링해의 섬〉, 〈그해 시월의 한산도〉, 〈속울음 깊은 오후〉, 〈통영 여객선 터미널에서〉, 〈그 섬의 작은 마을〉, 〈가야 토기〉, 〈굽은 나무 한 그루〉 등이 그것이다. 그중에 〈그 섬의 작은 마을〉을 살펴보자.

그곳으로 가는 길은 늘 조심스러웠다
낯선 항로를 건너가는 초행의 항해사처럼
가는 걸음이 무거웠던 건
차마 마주하지 못했던 내 안의 소심함 때문이었을까

오랜만에 찾은 그 섬의 객선 부두엔
오래 방치했던 기억들이
떠밀려온 부유물처럼 소란스러웠다
찌든 생활의 그늘이 토해내는 기침소리 앞세우고
그 남자는
객선 부두가 보이는 야트막한 언덕에 올 적마다
담배를 피워 물었다
해풍은 담배 연기를 희롱하며 깔깔거리며 허공을 뛰어다녔고
검버섯 핀 얼굴은
개망초꽃 흐드러지게 핀 볕 좋은 언덕에 앉았어도
쉬이 펴지지 않았다

- 중략 -

누군가는 그럴 테지
등은 굽었어도 심지는 곧을 거라고
- 곱사등이 얼레얼레 낙타등이 올레올레
술한 낙서로 얼룩진 낮은 단층집 담벼락엔
보름에서 사나흘 지난 달빛들이 걸터앉아 피식거렸고
도라지꽃 만발한 바닷가 비탈진 묵정밭엔
날벌레들이 군무를 추며 음영을 드리웠다
물결 따라 먼저 간 그 남자는 알고 있었던 것이겠지

- <그 섬의 작은 마을> 일부

다소 긴 산문시다. 긴 시지만, 지루하지 않다. 시의 행간마다 긴장감이 느껴진다. 마치 강물이 흐르듯 시행이 출렁출렁 잘 흘러간다. 시행마다 감칠맛이 나는 표현으로 독자들의 감성을 사로잡는 시다.

"그곳으로 가는 길은 늘 조심스러웠다" 로 시작된다. "가는 걸음이 무거웠던 건" "오랜만에 찾은 그 섬의 객선 부두엔 / 오래 방치했던 기억들이/ 떠밀려온 부유물처럼 소란스러웠다" 고 했다. 오랜만에 찾은 그 섬 객선 부두에 얽힌 추억이나, 방치했던 기억들이 소란스럽다는 표현을 보자. 그 섬에 얽힌 소란스러운 기억을 방치해 두었던 것이다. 어떤 기억이 화자의 내면에서 소통이나 용서, 화해하지 못한 앙금으로 남거나 잊히지 않는 상처가 "떠밀려온 부유물처럼 소란스러" 운 것이다.

1연의 화자가 시인 자신 '나' 인 것으로 보였으나, 2연에서 "찌든 생활의 그늘이 토해내는 기침 소리 앞세우고/ 그 남자" 로 탈바꿈한다. "찌든 생활의 그늘" 이나 "우직하게 땀 흘려도 펴지지 않는 살림" 이라는 표현으로 보아 그 남자의 살림은 어렵기만 한 것으로 보인다. "기침 소리 앞세우고" "객선 부두가 보이는 야트막한 언덕에 올 때마다 담배를 피워물며 시름을 달래는 것으로 그리고 있다. 검버섯 핀 얼굴은/ 개망초꽃 흐드러지게 핀 볕 좋은 언덕에 앉았어도/ 쉬이 펴지지 않았다" 고 했다. 생활고로 인해 얼굴이 펴지지 않았다는 뜻이리라. 개망초꽃 흩트리진 볕 좋은 언덕… 해송, 동백, 도토리나무 등의 자연물의 이미지 대조를 보인다. "해송과 동백과 도토리나무의 수다를 털어내며" 라는 표현을 보자. 세 나무가 햇살과 바람에 나부끼며 반짝이는 자연의 이미지를 "수다" 라고 표현했다. 자연의 수다를 털어내며 다시 걷는 그 남자의 걸음은 힘겨운 여정이라고 했다.

3연에서 다시, 시적 화자가 1연의 화자로 돌아온다. "봄에서 여름으로 건너가는 사이 범람하는/ 붉은 꽃잎들의 기묘한 풍장 속에/ 술 취한 남자를 업고 집으로 향하는 길은/ 늘 헉헉대는 저녁노을의 거친 숨결이/ 멈추고 싶은 시간의 행간마다 막막함으로 녹아들었다 / 봄에서 여름으로 건너가는 초여름에 핀 붉은 꽃잎들의 기묘한 풍장 속에 술 취한 남자를 업고 집으로 향하는 길은// 꿍얼꿍얼 혼잣말하는 남자는 가볍고도 무거웠다" 고 했다.

"웅크린 그 남자 등의 곡선을 옮겨놓은 것만 같은/ 저 섬의 잔등은/ 어둠 속에서만 허리가 펴지는 것인지도 모른다/ 사람도 어둠에 들면/ 야생의 기운이 솟구치는 짐승으로 진화를 한다는데/ 하물며 누구도 거들떠보지 않는 섬쯤이랴" 라는 표현도 압권이다. 섬의 잔등이 웅크린 그 남자 등의 곡선을 옮겨놓은 것만 같다고 했다. 그리고 어둠 속에서만 허리가 펴지는 것인지도 모른다는 표현은 자려고 누울 때만 등이 펴진다는 뜻이리라.

등이 굽은 그 남자를 무겁게 업고 가면서, 산등성이 굽은 것과 그 남자의 굽은 등을 병치해서 표현했다. 늙고 허약해진 그 남자 – 도라지 만발한 바닷가 비탈진 묵정밭이라는 시각적 이미지가 대비된다. 그러나 그 남자는 물결 따라 먼저 갔다고 했다. 다음 구절에 이 시의 사유가 응축되어 있다.

"사람의 길이/ 아무리 똑바로 걸어도 뒤돌아보면/ 저 바닷가 모래밭에 삐뚤빼뚤 흐트러진 발자국인 것을/ 그렇게 흐트러진 발자국들이 모여들어/ 또 하루의 저녁밥 냄새 피우는/ 이 작은 섬 외진 마을에서/ 저마다 꽃을 피우는 것 또한/ 사람의 길인 것을." 이라고 했다. 바닷가에 흐트러진 발자국이 모여 또 하루의 저녁밥 냄새 피우는 이 작은 섬 외진 마을, 저마다 꽃을 피우는 것 또한 사람의 길이라고 했다. 저마다의 품성과 적성과 취향에 따라 꽃을 피우는 것 또한 사람의 길이라는 사유 철학이 녹아있는 좋은 시다.

인간은 누구나 한번 죽는다. 성경에서도, "한번 죽는 것은 사람에게 정하신 것이요" 라고 했다. 시인의 주변에서 가족이나 친지의 죽음을 보고 죽음에 대한 사유를 시로 형상화한 작품도 여럿이다. 〈문상〉, 〈침묵의 뿌리〉 등이 그것이다. "우리는 늘 죽음의 순간을 생각하고 살아야 한다." 메멘토모리(memento mori)라는 말이 있다. 다음 시는 문중 어르신의 장례식을 치르고 오면서, 연로하신 아버지에 대한 사유가 깊은 애잔한 시다.

- 전략 -

아버지는
아무래도 다음은 내 차롄가 중얼거리시며
네 살 연상의 고모님 손을 잡고 눈시울을 붉히셨다

낙동강을 따라 어두워지는 길을 되짚어 내려오면서
칠십 평생의 세월이
어두워지는 강물처럼 깊고 쓸쓸하셨던 것일까
내내 말씀이 없으시고
간간 마른 기침소리만 하나 둘 켜지는 가로등 불빛따라
어둑한 길 위에 툭툭 떨어졌다

- 중략 -

휴게소에 들러
보물을 챙기듯 호도과자 두 봉지를 챙기시며
지금은 토끼 같은 손주들이 있어 살만하다고
애써 쓸쓸함을 지워내시는 모습을 보며
젖은 마음 다시 적시는 오늘.

- <문상> 일부

문중 어른이 돌아가셔서 장례식에 참석한 후, 아버지는 당신이 죽을 차례라고 느끼신다. 귀가하는 차량 안에서도 내내 말씀 없으시며 마른 기침 소리만 가로등 불빛 따라 어둑한 길 위에 툭툭 떨어졌다는 구절은 표현의 백미다. 아버지는 호도과자 두 봉지를 챙기시며, 토끼같은 손주들이 있어 마음의 위안을 그나마 느끼고 계신 듯하다. 연로하신 아버지의 애수, 한 가족의 정이 슬픈 정서로 그려지고 있다. 부친에 대한 시 한편을 더 감상해 보자.

이제 그만 갈 때가 되었나 보다
중환자실 침대에 누운 아버지의 목소리는
11월의 단풍잎처럼 마냥 붉었다

그 붉고 메마른 한 생의 무게가
푸르렀던 시절의 반질반질한 윤기가 빠진
가쁜 숨결에 묻어났다
십년 전에도 같은 말을 했잖아
울산 사는 딸내미의 물기 어린 농담에
희미한 웃음꽃을 피우는 아버지
그 얼굴에서 발끝까지
마지막 한 방울까지 다 퍼주고 비어버린 몸은
구겨짐 없는 환자복처럼 깨끗했다
다들 잘 자라줘서 고맙다
침대를 둘러싼 자식의 얼굴을 찬찬히 훑어보며
쿨럭 기침을 하고는
혼잣말처럼 토해내는 몇 마디의 말
귀 기울여 듣는 눈빛들이 일제히 글썽일 때
아내의 손을 잡는 손등에
검버섯이 낙엽의 갈색반점처럼 피어있어
아버지의 손이
땅바닥에 떨어진 단풍잎처럼 보였다
저놈이 뱃놈이라 자주 집을 비울건데…
이리 가면서도 너에겐 짐을 남기는구나
대답 대신 왈칵 눈물을 쏟아내는 아내 곁에서
병실 창밖
팔월에도 툭 떨어지는 단풍잎이 있는 것을
멍하니 바라보고 있었다.

– <그해 팔월의 단풍잎은 붉었다> 全文

중환자실 침대에 누운 아버지의 목소리는 분명 힘겨울 것이다. 그런데 그 목소리가 11월의 단풍잎처럼 붉었다고 했다. 중환자실 환자의 병약한 목소리를 단풍의 붉은 색채 이미지로 병치시키는 표현력이 놀랍다. 청각을 시각화하고 있으니 말이다. “그 붉고 메마른 한 생의 무게가/ 푸르렀던 시절의 반질반질한 윤기가 빠진/ 가쁜 숨결에 묻어났다” 고 했다. 메마른 한 생의 무게를 붉다고 했다. 젊고 창창했던 푸르렀던 시절의 반질반질한 윤기는 빠지고, 가쁜 숨결에 묻어났다. 10년 전에도 “이제 그만 갈 때가 되었나 보다” 고 하시던 아버지는 10년 동안, 더욱 마르고 검버섯이 낙엽의 갈색 반점처럼 피어있다. “아버지의 손이/ 땅바닥에 떨어진 단풍잎처럼 보였다” 고 했다.

“병실 창밖/ 팔월에도 툭 떨어지는 단풍잎이 있는 것을/ 멍하니 바라보고 있었다” 팔월에는 나뭇가지에 싱싱하게 붙어서, 양분을 충분히 섭취하고 있을 것 같은 단풍이 툭 떨어지는 것을 보았다고 했다. 아버지가 돌아가신 것을 단풍잎이 떨어진 것으로 표현하고 있다. 이 시 전체의 이미지는 붉은 색채의 시각적 이미지가 짙다. 붉은색은 열정과 정열, 저돌적인 공격성 등을 상징한다. 중환자실에서 숨을 거두기 전에 자식들에게 둘러싸여, 마지막 숨을 거두는 마지막 순간을 “붉다” 는 생명력이 강한 색채 이미지로 역설적인 표현을 하고 있다. 이석재 시인은 문학을 전공한 전공자가 아니다. 다년간 수백 권의 책을 읽은 도서관 맨이다. 독서의 힘으로 놀라운 표현력과 언어의 기법을 누리고 있다. 짧고 간결한 시 안에서, 생을 마감하는 부친과 중환자실을 붉은 단풍에 비유하여 표현하고 있다.

아버지 허리는 늘 구부정했다
하나를 잃고 남은
오남매를 건사하며
강 건너 산 기슭에 누운
아내의 봉분에 함부로 돋은 풀들을 베고
소주 한잔 흩뿌리고
멍하니 하늘을 바라보는 눈빛엔
쓸쓸한 바람이 머물다가곤 했다
고추 모종을 텃밭에 옮겨 심으며
햇살과 바람과 더불어 키우는
고추들이 붉어질 때까지
고랑을 따라 수시로 뽑아주는 잡초들처럼
자식들 앞길에 걸치적대는 것들
서슬 퍼런 낫질로 싹둑싹둑 잘라내며
낡은 운동화에 무릎 튀어나온 츄리닝으로
혹은, 물 빠진 국방색 잠바 차림으로
봄 여름 가을 겨울 너끈히 건너가던 아버지
- 내 죽거들랑 저 산에 뿌리거라
한 마디 남겨놓고 홀연히 떠난 언덕에 솟은
등 굽은 나무 한 그루
흐린 날마다 마음을 기대고
당나귀 귀를 외치는 숲이 되었다.

- <굽은 나무 한 그루> 全文

이 시를 읽고 나니, 애잔한 느낌이 든다. "아버지 허리는 늘 구부정했다" 고 했다. 고추들이 붉어질 때까지 고랑을 따라 잡초들, 즉 자식들 앞길에 걸치적 대는 것들을 서슬 퍼런 낫질로 싹둑싹둑 잘라낸다고 했다. 아내를 먼저 보내고, 아내의 봉분에 돋은 풀들을 베고 소주 한잔 흩뿌리는 아버지시다. "낡은 운동화에 무릎 튀어나온 츄리닝으로/ 혹은, 물 빠진 국방색 잠바 차림으로/ 봄 여름 가을 겨울 너끈히 건너가던 아버지" 시다. 애잔함과 아픔이 느껴지는 시가 아닐 수 없다. 아버지는 "내 죽거들랑 저 산에 뿌리거라/ 한 마디 남겨놓고 홀연히 떠난 언덕에 솟은/ 등 굽은 나무 한 그루" 가 되셨다. 아마도 한 그루 나무 밑에 수목장으로 모셨나 보다. 아버지의 외롭고 아픈 생애가 한 그루 나무로 다시 환생하셨기를 기원하는 마음이 저절로 드는 시다.

그리운 이름으로
한 사람을 가슴에 담는다는 것은
스스로
마음 한 모서리를 허무는 일입니다

단단하게 쌓아 올린 고립의 담을 헐고
바람과 햇살이 뛰노는 오후가 머물다 가게 하거나
가랑비 흩뿌리는 저녁이 머물다 가게 하거나
잘 씻긴 별들이 이슬 속으로 스미는
따뜻한 어둠의 침묵이 머물다 가게 하는 일입니다

- 중략 -

가슴에 담은 그 이름으로 하여
넉넉히 아픈 침묵의 시간 드리우거나
철쭉꽃 흐드러진 그리움의 토혈 있거나
아픔이란 아픔 죄다 태워 구워낸
참나무숯 빛깔의 흔적이 남는다 해도
모두 다 소중히 보듬어 안을 일입니다

- <환절기> 일부

위의 시는 사유가 매우 깊은 시다.

그리운 이름으로 한 사람을 가슴에 담으려면, 스스로 마음 한 모서리를 허물어야 한다. 그리운 이름으로 한 사람을 담는 일은 자신의 마음 한 모서리를 열어야 상대방이 들어올 수 있기 때문일 것이다. 마음의 문을 굳게 닫아 놓으면 그리운 이는 그 안에 들어가지 못하기 때문일 것이다. 사유가 깊은 표현이다. 많은 이들에게 공감을 얻는 시가 될 것이다.

"고립의 담을 헐고, 바람과 햇살이 뛰노는 오후가 머물다 가게 하거나" 라는 표현을 보자. 바람과 햇살이 뛰노는 오후가 머물다 간다는 구절을 읽으면, 누구나 마음이 편안해질 것이다. 가랑비 흩뿌리는 저녁이 머물다 가게 하거나, 잘 씻긴 별들이 이슬 속으로 스미는 따뜻한 어둠의 침묵이 머물다 가는 일 - 잘 씻긴 별들이 반짝이는 느낌이다. 이슬 속으로 스미는 따뜻한 어둠의 침묵이 머물다 가는 일 또한 포근한 이미지가 느껴진다. "철쭉꽃 흐드러진 그리움" 과 "아픔이란 아픔 죄다 태워 구워낸/ 참나무숯 빛깔의 흔적" 도 이미지가 선명하게 반짝인다. 검은빛의 상흔이라는 표현 대신 참나무숯 빛깔의 흔적이라는 이미지의 형상화가 뛰어나다. "살아있는 사람과 사람으로 만나/ 고립과 고독의 담을 헐고/ 아픔과/ 고통과/ 따뜻한 침묵 같은 것들을 나누는 일/ 그것만으로 우리는 충분히 아름다웠으니까요." 마음을 포근하게 하는 구절 속에서 잠언처럼 독자들의 마음에 정서적인 안정을 줄 시다. 긍정적인 시어 구사와 긍정의 힘과 생을 아름답게 보게 하는 큰 힘이 느껴지는 좋은 시라서 많은 독자들의 사랑을 받을 것이다.

다. 이미지의 시편들

이석재 시인의 시들을 읽어보면 아내에 대한 사랑이 매우 깊은 것을 엿볼 수 있다. 〈불현듯 아내의 얼굴을 들여다보고〉, 〈그해 여름의 평화〉, 〈비비추〉, 〈백일홍〉 등은 이미지의 형상화가 훌륭한 시들이다. 그중에 〈백일홍〉 시를 감상해 보자.

아내는 식물성이다
화분에 담겨 봄맞이 새식구로 베란다에 자리잡은
백일홍 녀석과 함께
밤새워 붉은 열꽃을 피워올리고 있다
머리맡에 앉아
물찜질로 이마를 닦아내는 내 손을 멈칫하게 하는
아내의 숨결은
여전히 백일홍 꽃잎처럼 뜨겁고
나는
무수목도 안녕하고 군자란도 안녕하고
자잘한 허브들도 죄다 안녕하다고

기진한 아내를 토닥인다
뿌연 안개가
한 무더기 희디흰 꽃다발로 문안하는 새벽녘
중학생 딸애의 블라우스를 다려 입혀 보낸다며
한참 크는 아들 녀석 아침을 챙겨 멕여 보낸다며
후들거리는 무릎 일으키다 쓰러지는 아내를 안아 눕히며
딸애도 안녕하고 아들 녀석도 여전히 안녕하다고
내 다 알아서 멕이고 입혀 보낸다고
다시금 아내를 토닥일 때
얄미운 백일홍 화분 하나
더욱 붉은 꽃 한 무더기 피워 올리고.

―<백일홍> 全文

아내가 밤새워 붉은 열꽃을 피워올리고 있다. 열이 난다는 말이다. 물 찜질로 아내의 이마를 닦아내면서 "아내의 숨결은 / 여전히 백일홍 꽃잎처럼 뜨겁" 다. 열이 나는 아내의 열꽃을 백일홍의 붉은 꽃 빛으로 연결하고 있다. 시각과 촉각의 이미지가 선명한 시다. 열이 나는 아내의 이마를 짚어보며, 백일홍 붉은 꽃잎과 연결해 내는 시적 능력이 탁월하다고 하겠다. 아내가 아이들을 챙겨주려 후들거리는 무릎 일으키다가 쓰러진다. 아내 대신 이 시의 화자가 아이들을 돌보려 할 때, "얄미운 백일홍 화분 하나/ 더욱 붉은 꽃 한 무더기 피워 올리고" 라고 했다. "아내는 식물성이다" 라고 시작했던 시의 첫 구절부터 범상하지 않은 시라고 여겨졌다. 열이 심하고 아픈 아내의 병환과 집안일을 이야기하면서, 엉뚱하게 화초 이야기를 병치시

킨다. 무수목, 군자란, 자잘한 허브, 백일홍을 등장시킨다. 아내가 아픈 와중에도 그런 상황은 아랑곳없이 "얄미운 백일홍 화분 하나. 더욱 붉은 꽃 한 무더기 피워 올리고" 라고 개화의 상황을 노래한다. 아내가 열이 나고 아픈 상황과 백일홍의 만개滿開를 대비시켜 표현하는 것이 이 시의 묘미라고 하겠다.

이미지가 선명한 다음 시 〈삼랑진 연가〉도 살펴보자. 이 시는 1. 2. 3. 4. 5. 6부로 시가 나누어져 있다.

1.
경전선 철로를 따라 한림정 쪽으로 가다보면
낙동강역을 지나
아주 오래된 철교가 하나 있습니다
그 철교 아래 강가에는 수양버들 몇 그루가 있지요
무슨 근심 그리 깊은지
음력 삼월 청명한 오후에도 머리 풀고
휘어이 휘어이 설운 가락 풀어내는 수양버들 몇 그루가 있지요
마음 닿는 인연이라는 건
얼마나 더 쓸쓸히 기다려야 하는 걸까요?
강물이 안으로 깊어지듯 오늘 풀어낸 울음은
다시 더 깊은 울음으로 맺혀 들고
그때 불현듯 어둑어둑해지는 하늘 속으로
와르르 초저녁 찬별들 쏟아지는데
이제는 희미해질 법도 하건만
아직도 생생한 상처로 터져나는 오래된 사랑 하나
얼마나 더 먼 길을 걸어가야 하는지

눈물납니다

2.
시도 때도 없이 불쑥불쑥 치솟는 글썽임으로
늘 질퍽거리는 오후 세 시의 철뚝길을
심상치 않은 쓸쓸함 한 점 앞세우고 걸어가며
오래 부르지 않았던 그대 이름 가만히 불러볼 때
다시 삼월이 옵니다
그리운 이름 하나 가슴에 담고
진달래 철쭉 흐드러지게 핀 길을
미친 짐승처럼 헉헉대며 돌아다니다가
짓무른 가슴으로 쓰러져 몸살 앓는 빌어먹을 춘삼월이
다시 옵니다
정말 어쩌면 좋을까요?
올해도 여전히 온몸으로 그리워하다가
짓물러 터진 가슴 부둥켜안고 주저앉아
붉은 햇살에 몸을 적시며
봄보리밭 위로 날아오르는 종달새처럼
소프라노톤으로 울어야 할까요?

– <삼랑진 연가> 일부

"경전선 철도를 따라… 낙동강역을 지나면 오래된 철교가 하나 있습니다." 라고 시작하고 있다. 철교 아래 강가에 수양버들 몇 그루가 보였다. 음력 3월 청명한 오후에도 머리 풀고, 훠어이 훠어이 수양버들 몇 그루가 강가에 나뭇가지를 늘어뜨리고 있는 것을 "무슨 근심 그리 깊은지 머리 풀고 있다" 라고 했다. 경전선 철로와 낙동강역의 이미지. 철교의 이미지와 수양버들의 이미지가 한 폭의 수채화다. 시각적 이미지의 천국이다. 그런데 수채화는 수채화로 끝나지 않고 그 안에 사랑의 서사를 담고 있다.

"그때 불현듯 어둑어둑해지는 하늘 속으로/ 와르르 초저녁 찬별들 쏟아지는데/ 이제는 희미해질 법도 하건만/ 아직도 생생한 상처로 터져나는 오래된 사랑 하나/ 얼마나 더 먼 길을 걸어가야 하는지/ 눈물납니다" 삼랑진에 얽힌 사랑의 추억이 떠올라 눈물이 난다고 했다. 초저녁별 쏟아지는데, 생생한 상처로 터져나는 오래된 사랑의 추억이 화자의 눈물을 나게 한다.

시는 "진달래 철쭉 흐드러지게 핀 길", "붉은 햇살에 몸을 적시며/ 봄보리 밭 위로 날아오르는 종달새처럼/ 소프라노 톤으로 울어야 할까요?" 로 연결된다. 진달래, 철쭉, 봄보리 밭의 연두색의 시각적 이미지를 상상해 보자. 거기에 종달새가 등장한다. 종달새처럼 소프라노 톤으로 높은 소리로 울고 싶은 화자의 심정을 노래하고 있다.

이 시인이 얼마나 능숙하게 시적 이미지를 조형하고 형상화하는지 그 솜씨가 놀랍다. 철로와 수양버들 풍경을 보며 서정 - 정서 – 자신의 오래된 사랑을 시로 끌어 올린다.

6.
한 사십년 세월 흘려보내고 홀로 돌아와
삼랑진역 대합실을 지나
강둑에 나가 주저앉아 보네
축축하게 젖은 슬픔의 안개들 다시 피어오르고
가슴에 새긴 이름 하나 아직 잊히지 않았네

강물 따라 흘려보낸 강산도 변한다는 그 세월도
그때 그 그렁그렁한 물기 젖은 기억의 질량
조금도 덜어내지 못했네
그때 그 넘쳐나던 눈물 소리 한 소절도 씻어내지 못했네
그대 낮게 들먹이던 어깨의 둥그런 곡선도 지워지지 않았네
경부선과 경전선을 오가는 열차는 여전한데
그리운 이여
저 열차가 머무는 어디쯤에서
그대 여전히 안녕한가?

– <삼랑진 연가> 일부

삼랑진에서 만난 여인과 사랑을 나누고 한 사람은 경부선을 타고, 한 사람은 경전선을 타고 헤어진 후 40년의 세월이 흐른 뒤 다시 삼랑진역에 찾아왔다. 화자의 정서는 슬프기만 하다. 슬픔의 안개가 다시 피어오른다. "그때 그 그렁그렁한 물기 젖은 기억의 질량/ 조금도 덜어내지 못했네" 라고 했다. "경부선과 경전선을 오가는 열차는 여전한데/ 그리운 이여/ 저 열차가 머무는 어디쯤에서/ 그대 여전히 안녕한가?" 라고 했다. 물기 젖은 기억의 질량, 열차가 머무는 어디쯤에서 여전히 안녕하길 기원하고 있다. 이 작품에는 경부선과 경전선 철로가 등장한다. 철로의 수평적 이미지와 수양버들의 수직적 이미지, 진달래 철쭉, 철둑길, 종달새로 이어지는 확장된 이미지와 사랑 이야기가 어우러져 있다. 단편소설을 연상하게 할 만큼 긴 장시長詩지만 이미지의 형상화가 명징하고 서사가 탄탄한 수작秀作이다.

라. 사유의 시편들

흔히, 시의 회화성, 음악성, 철학성을 시의 3요소라고 한다. 위에서 언급한 것처럼 이석재 시인의 시는 이미지의 천국을 이루고 있다. 언어를 구사하는 표현력도 매우 훌륭하다. 이미지의 형상화에 힘쓰다 보면 시의 사유-철학성이 빈약해지기 쉽다. 그러나 〈아름다운 정적〉, 〈다시 바다를 보다〉, 〈슬픔에 대하여〉 등은 사유가 훌륭하게 드러난 작품들이다. 세 편 모두 다루고 싶으나, 이 시집의 제목인 〈다시 바다를 보다〉를 살펴보도록 한다.

1.
그대 가슴에서 시작된 해류는
내 삶의 한복판으로 흘러들어와
깊고 푸른 남태평양 바다 한쪽 들어 앉혔다
이따금 저물녘 바람이
은빛으로 반짝이는 빗살무늬 발자국을 이끌고 와
저 푸른 사유의 벌판 가득 흔적을 남길 때

어둠보다 먼저 온 별빛이
내밀한 기쁨의 꽃들 흐드러지게 하고 있었고
물새들 날개가 깨끗하게 씻긴 이유를
떠나있어서 비로소 알 것 같았네

2.
날장으로 펄럭이는 자정 즈음의 빗방울이

멍울진 해가 수평선 쪽에 주저앉을 때부터
시작되었음을 안다

젖은 마음에 닿는 조용한 교감
머리카락을 적시고 목덜미에서 잠시 머물다가
등뼈를 따라 흘러내린다
마음 깊이 숨겨둔 기억들도 적실까
저 푸른 벌판의 기억들은
적시지 않아도 늘 젖어있는데

오래 아팠던 흔적이 위로가 될 때도 있는가 보다
그대 이름 들추어 보면서
오늘 다시 반짝이는 눈물.

– <다시 바다를 보다> 全文

〈다시 바다를 보다〉는 그리움과 사랑의 시라고 볼 수도 있다. 시의 결미가 "그대 이름 들추어 보면서/ 오늘 다시 반짝이는 눈물"로 응축되어 있다. 사랑했던 이, 지금도 사랑하여 그리운 이. 그는 연인일 수도 있고 부모님이나 친지일 수도 있다. "그대 가슴에서 시작된 해류는/ 내 삶의 한복판으로 흘러들어와/ 깊고 푸른 남태평양 바다 한쪽 들어앉는다"라고 했다. 사랑의 해류가 화자의 삶 한복판으로 흘러들어와 깊고 푸른 남태평양 바다 한쪽에 들어앉았다고 했다. 사랑과 그리움의 증폭을 보이는 구절이다. 광활한 남태평양 바다의 한쪽으로 상상력이 뛰어가고 있으니 말이다. "어둠보다 먼저 온 별빛이/ 내밀한 기쁨의 꽃들 흐드러지게 하고 있었고/ 물새들 날개가 깨끗하게 씻긴 이유를/ 떠나있어서 비로소 알 것 같았네" 라고 했다. 해가 져서 어둠이 내리면 별빛이 먼저 내린다. 달빛보다 별빛이 밤하늘에 더 먼저 반짝인다는 말일 것이다. 별빛이 기쁨의 꽃들 흐드러지게 하고 있다고 했다. 밤하늘에 반짝이는 별, 기쁨의 꽃들 모두 밝고 환한 이미지의 폭죽을 보는 것 같다. "저 푸른 사유의 벌판 가득 흔적을 남길 때" 라는 표현을 보자. 삶에 대한 사유, 인생에 대한 사유와 성찰이 내밀한 기쁨의 꽃들 흐드러지게 한다고 했다. 삶에 대한 사유와 성찰로 인해 마음의 내밀한 기쁨이 넘친다는 뜻이리라.

"젖은 마음에 닿는 조용한 교감/ 머리카락을 적시고 목덜미에서 잠시 머물다가/ 등뼈를 따라 흘러내린다// 마음 깊이 숨겨둔 기억들도 적실까/ 저 푸른 벌판의 기억들은/ 적시지 않아도 늘 젖어있는데// 오래 아팠던 흔적이 위로가 될 때도 있는가보다/ 그대 이름 들추어 보면서/ 오늘 다시 반짝이는 눈물." 이라고 했다. 그리움으로 젖은 마음의 교감이 머리카락을 적시고 목덜미에서 잠시 머물다가 등뼈로 흘러내린다고 했다. 매우 촉각적이고 감각적인 표현이다. 조용한 교감이 마음 깊이 숨겨둔 기억들도 적실까를 묻고 있다. 오래도록 아팠던 흔적도 위로가 될 때가 있다고 했다. 그리운 이의 이름을 들추어 보면서 다시 눈물이 난다고 했다. 애수에 찬 시다. 그러나 이 시의 제목이 〈다시 바다를 보다〉이므로, 이 시의 화자는 다시 광활한 바다를 보면서 힘을 얻고, 바다보다 더 광활한 마음으로 활기차게 생을 노 저어 갈 것으로 보인다. 서정과 이미지, 사유가 깊은 시에 공감하는 바이다.

아리스토틀(Aristotle)은 "시는 인류에게 유익하고 신성한 것" 이라고 정의한 바 있다. 셀리(Shelly)는 "하나님과 같은 창조자이며 시인을 통해서 인간은 하나님의 존재를 느낄 수 있다" 라고 하였다. 그리고 "시는 가장 훌륭하고 가장 행복한 사람이 느끼는 가장 귀하고 가장 행복한 순간을 기록한 것(Poetry is the record of the best and happiest moments of the happiest and best minds)이며 시인이야말로 무관의 입법자로서 만인을 다스리는 것" 이라고 했다. 각자의 견해에 따라 시와 시인에 대한 견해나 그 관점과 개념은 다를 수 있지만, 시인은 인류에게 정서함양 및 정신적 승화와 도움을 주는 존재자이다. 그런 면에서 볼 때 이석재 시인의 서정과 사유, 이미지의 시편들은 독자들에게 시를 읽는 기쁨을 줄 것으로 확신한다.

마. 시장통과 일상의 시편들

시장은 생활에 필요한 생필품을 구할 수 있는 곳이다. 기본적인 생활필수품들을 사고 파는 매매가 이뤄지는 곳. 그곳에 살아 숨 쉬는 생활의 가장 활달한 맥박이 흐르고 있는지도 모른다. 생생한 시장통을 소재로 한 〈시장통 앞 정류소에 서서〉, 〈용환이 형〉,〈그 동네 시장통에 가면〉 등이 있다.

일상 속에서 느낀 소소한 정서와 사유를 시로 담아낸 〈국화차를 만들며〉, 〈녹는 눈을 보며〉, 〈그해 여름의 평화〉, 〈비비추〉, 〈미역〉 등은 일상 시다. 그중에서 참신한 발상의 다음 시 〈미역〉을 감상해 보고자 한다. 시장에서 사 온 마른미역을 물에 불리면서, 미역이 물을 흡수하며 흐물흐물해지는 과정을 시로 형상화했다. 많은 여류 시인들도 미역국을 끓여보았을 텐데, 이석재 시인처럼 참신한 발상을 해내며 자신의 삶과 연관하여 사유를 끌어내는 시인은 없었다. 남성이면서도 미역국을 끓이는 요리 과정을 시로 형상화해내는 것을 보면, 이석재 시인의 예민한 감수성을 엿볼 수 있다.

시간을 정지시키면 외롭지 않으리라 여겼네
조금씩 아주 조금씩 물기를 떠나보내며
부드러웠던 몸이 딱딱해져 가는
서른 세 살의 사내가 맞이했던
그 춥고 적막한 어둠처럼
불안을 깨물며 혼자 중얼거리고 있었네
차가운 눈발 불 켜진 유리창에 투신하며 눈물이 되는
속 쓰린 새벽에도 그랬었네

- 중략 -

혈관마다 연초록 피톨들이 콩콩콩 뛰어다니고
굳었던 근육들이 부드럽게 풀리면서
내 안에 갇혀있던 외로움도 함께 풀려나
어디론가 재빠르게 사라지는 것을 보았네
바람의 손을 빠져나와 일렁이는 햇살처럼
눈부시게 펄럭거리며 사라지고 있었네

까닭 없이 눈물이 핑 도는
이 맑고 시린 부활의 아침에 말일세.
- <미역> 일부

미역은 바다에서 나는 해초 중에 하나다. 수분과 소금기를 품고 있다. 바다에서 채취하여, 수분을 말려 건조한 후 유통 기한을 연장한다. 건조한 미역은 몇 년 동안 상온에서 잘 보관할 수 있다. 수분을 품은 물미역의 시간을 정지시켜 놓는 것이다. 물미역의 수분을 "조금씩 아주 조금씩 물기를 떠나보낸다" 라고 했다. 물미역이 미끈거리며 부드럽던 몸이 건조되면서 "부드러웠던 몸이 딱딱해져 가는" 이라고 표현하고 있다. 시인은 여기서 그치지 않는다. 미역이 건조되어 딱딱해지고, 검은빛을 띠기 시작하는 것을 보며 "서른 세 살의 사내가 맞이했던/ 그 춥고 적막한 어둠처럼/ 불안을 깨물며 혼자 중얼거리고 있었네" 라고 읊고 있다. 서른 세 살의 사내는 곧 이 시의 화자, 시인 자신일 수도 있다. 서른 세 살 사내의 춥고 적막한 어두웠던 자신의 아팠던 시간을 회억하고 있는 지도 모른다. 자신의 적막한 어둠의 아픔을 "차가운 눈발 불 켜진 유리창에 투신하며 눈물이 되는/ 속 쓰린 새벽에도 그랬었네" 라고 연결해 내고 있다. 차가운 눈발이 새벽 유리창에 부딪혀서 곧 녹아내린다. 그것을 눈물이 된다고 보았다.

서른 세 살의 적막한 어둠의 아픔 ≫ 차가운 유리창에 부딪혀 내리는 새벽 눈의 눈물로 발상이 뛰어간다. 더 깊이 보면, 서른 세 살의 사내는 시인 자신을 말하는 것이 아닐 수도 있다. 시어는 다의성과 중의성을 띤 함축성이 있으므로, 서른 세 살의 사내는 33세에 십자가에 못 박히신 예수 그리스도를 상징하고 있다고도 볼 수 있다.

미역국을 끓이기 위해서 양푼에 담긴 한 바가지 물속에 미역을 담근다. 이 과정을 "나는 번지점프를 하듯, 나는 그렇게 몸을 던졌다" 라고 했다. 미역 = 나인 것이다. 시의 주어 역할을 "서른 세 살의 사내" 는 "미역" 이었다가, "나" 가 된다. 이 시는 화자가 넘나들면서 시를 이끌어간다. 서른 세 살의 사내 = 미역 = 나인 것이다. 미역은 "정지되었던 시간이 풀려나는 느낌을 아는가/ 그 간질간질하면서도 스멀스멀 찾아드는/ 묘한 부활의 쾌감" 이라고 했다. 물기를 조금씩 날려 보내고, 딱딱하게 건조되었던 미역이 양푼에 담긴 한 바가지 물과 만나 다시 수분을 흡수한다. 정지되었던 시간이 풀려나서 부들부들하고 미끈미끈한 미역으로 다시 부활한다. 부활의 쾌감이다. 다시 부활하신 예수그리스도의 몸, 더 나아가 예수님께서 이 땅에 다시 오실 때 기독교 신자들이 다시 부활 승천할 것을 상징하고 있다고도 하겠다. "까닭 없이 눈물이 핑 도는/ 이 맑고 시린 부활의 아침에 말일세" 라고 했다. 건조했던 미역이 한 바가지의 물을 만나서 수분을 다시 흡수하여, 건조하기 전 상태로 부활하는 과정을 보면서, 예수그리스도의 부활을 연상해 낸 신앙시라고도 할 수 있다.

3. 나가는 말

지금까지 서두에 밝혔듯이 이석재 시인의 시집 〈다시 바다를 보다〉에 시인 의식의 성향과 시의 면면을 살펴보았다. 이석재 시인의 시는 순수하고 서정성이 시 전편에서 풍부하게 드러나고 있다. 특히 아내와 아버지에 대한 애틋한 사랑의 정서를 여러 자연물에 빗대어 표현하는 이미지의 형상화가 탁월한 경지에 이르러 있음을 살펴 보았다. 일상생활에서 느끼는 소소한 기쁨과 애환의 정서, 시장통에서 느낀 서민들의 애환과 활발한 생활 모습. 여행지에서 느낀 정서, 메멘토모리(memento mori)의 순간을 통해 삶과 죽음에 대한 깊은 통찰을 이미지로 형상화해내는 독특한 시 세계를 엿보았다.

앞으로 더 넓은 시세계의 확장을 통해 보석 같은 작품을 계속하여 빛어나가기를 바라마지 않는다.

여러 문학상을 받은 시인의 첫 시집 〈다시 바다를 보다〉가 많은 이들에게 공감과 사랑을 받게 되길 기원하며 글을 맺는다.

姜笑耳 프로필

서울 출생 / 본명 : 姜美京 / 이화여대 국문과 졸업
월간 「시문학」으로 시, 「서울 문학」으로 수필 등단
한국시문학문인회 이사, (사)한국현대시인협회 회원,
국제펜클럽 한국본부 국제협력위원, 이대 동창문인회 이사

수상: 2011년 韓 · 中 국제문학 예술상 수상 (시 부문)
2013년 시민이 드리는 호국특별상 수상 (시 부문)
2017년 현대시인협회 작품상 수상 (시 부문)
2022년 국민일보 신춘문예 수상 (시 부문)
2023년 한국문학상 대상 수상 (시 부문)

시 집: 「별의 계단」, 「철모와 꽃양산」(7쇄),
「새를 낳는 사람들」(2쇄) 「행복한 파종」 「바람의 눈동자」

평 설: 「시베리아의 서리꽃」(김성배 시집) 외 15편

이석재 시집

다시 바다를 보다

2023년 9월 20일 초판 인쇄
2023년 9월 26일 초판 발행

저 자 | 이 석 재
발행인 | 이 승 한
주 간 | 강 소 이
편 집 | 임 선 실
발행처 | 도서출판 엠-애 드
등 록 | 제 2-2554
주 소 | 서울시 중구 마른내로 8길 30
전 화 | 02) 2278-8063/4
팩 스 | 02) 2275-8064
이메일 | madd1@hanmail.net

ISBN 978-89-6575-175-5
값 12,000원